Endlich bist du da
Junge Eltern erzählen von ihrem neuen Leben mit Baby

Endlich bist du da

Junge Eltern erzählen
von ihrem neuen Leben
mit Baby

Bibliografische Information der Deutschen Nationalbibliothek:
Die Deutsche Nationalbibliothek verzeichnet diese Publikation
in der Deutschen Nationalbibliografie;
detaillierte bibliografische Daten sind im Internet über
http://dnb.d-nb.de abrufbar.

Herstellung und Verlag:
Books on Demand GmbH, Norderstedt

ISBN: 978-3-8370-3256-7

Inhalt

DOREEN ALTENDORF

Einmal Mallorca und zurück

D a lag er nun auf meiner Brust, ohne zu schreien, und schaute uns mit seinen großen Augen an. Wir drei bestaunten uns gegenseitig, und ich konnte noch gar nicht glauben, dass ich es geschafft hatte: Unser Sohn Mika ist nach fünf Stunden auf natürlichem Wege zur Welt gekommen, allerdings drei Wochen zu früh. So stellte sich beim Gelbsuchttest auch heraus, dass sein Wert über Grenzwert lag. Also musste Mika ins Bestrahlungsbettchen.

Die Schwestern nannten es immer liebevoll: „Einmal Mallorca und zurück."

Über eine Woche lang konnten wir unseren kleinen Schatz nur durchs Glas beobachten, er lag da so friedlich mit seiner kleinen „Fliegerbrille", nur in Pampers bekleidet und die Ärmchen so relaxt ausgebreitet, als würde er in der Sonne liegen. In der Zeit habe ich viel geweint: die ganze Umstellung, alles war neu, unseren Sonnenschein zu bekommen und dann auf diese Weise gleich wieder hergeben zu müssen, jeden Tag wurde Blut bei ihm in der Ferse abgenommen, Körperkontakt nur beim Trinken. Das fand ich unglaublich hart. Die Hormonumstellung tat dazu noch ihr Übriges. Mein Mann besuchte uns so oft es ging, immer wenn er abends nach Hause fuhr, hatte ich das Gefühl, es würde mir das Herz zerreißen. Das hat uns enorm zusammengeschweißt! Jetzt ist Mika fünf Monate alt und unser Leben hat sich komplett geändert. Er ist ein fröhliches, freundliches Baby und bringt uns täglich zum Lachen. Allerdings ist er ein schlechter Trinker und durchschlafen, das klingt wie im Märchen.

Aber er hat uns „komplett" gemacht, und das Leben weiterhin mit ihm zu gestalten ist eine schöne Vorfreude auf die noch vielen folgenden Jahre!

KATRIN BÖDIGE

Eine Reise nach Sibirien

Ich erinnere mich noch genau an den Tag, an dem ich erfuhr, dass ich schwanger bin. Es war entsetzlich heiß und ich hatte einen furchtbaren Kater. Ja, daraus lässt sich schließen, dass diese Nachricht höchst unerwartet kam. Unerwartet, ungewollt, unfassbar. Kinder zu haben, das war für mich weit weg, die sibirische Tundra meiner Lebensvorstellung. Ein Ort von dem man weiß, dass es ihn gibt, der vielleicht sogar den einen oder anderen Reiz haben könnte, wenn man Erzählungen von Menschen zuhört, die die Reise gewagt haben. Aber selbst dorthin? Nein, ich hatte andere Reiseziele.

Ich machte den Test. Nicht, weil ich dachte, er könnte tatsächlich positiv sein, sondern eher als eine Art magisches Ritual. Etwas in der Art wie: "Wenn ich noch über diese Ampel fahre, bevor sie rot wird, bestehe ich meine nächste Prüfung". Quasi das Anstecken einer Zigarette und dann kommt der Bus um die Ecke.

Als ich auf die zwei roten Streifen starrte, brach für mich eine Welt zusammen. Ich weinte um ein Leben, von dem ich dachte, dass ich es verlieren würde, ohne Trost aus einem Leben schöpfen zu können, das ich noch nicht kannte. Die emotionale Achterbahnfahrt, die in den nächsten Tagen folgte, war holperig, unsicher, mit vielen Drehungen, rasenden Abfahrten und steilen Anstiegen. Aber genauso unerwartet wie die Schwangerschaft kam die Freude darüber. Ich denke mittlerweile, sie war schon die ganze Zeit über da, blieb aber unauffällig, tief unten in den Windungen und Verwirrungen meiner Gedanken verborgen, nur gelegentlich hervorblitzend, nicht greifbar, flüchtig wie Quecksilberkügelchen. Es war ein Gefühl, das süchtig machte, das fassbarer wurde, je mehr wir darüber sprachen, es zu unserer Wirklichkeit machten. Dennoch, Mutter zu sein, das blieb für mich die ganze Schwangerschaft irgendwie unwirklich. Mich quälten Ängste und Träume, lächerliche, erstaunliche, nachvollziehbare. Ich würde mein Kind bestimmt fallen lassen, es irgendwo vergessen, oder fortan nur noch die Stuhlkonsistenz meines Kindes als Gesprächsthema anführen können in Konversationen, die ohnehin nur in Krabbelgruppen, Erziehungsworkshops und auf Laternenumzügen stattfinden würden.

Nach der Geburt kam die Realität. Überwältigend, wunderschön, verwirrend, faszinierend und manchmal auch Angst einflößend. Dennoch blieb ein Hauch von Unwirklichkeit. Aber es gibt viele Dinge im alltäglichen Leben, die mir ständig sagten und sagen, dass ich tatsächlich Mutter eines Kindes geworden war. Stillen, Windeln wechseln, durchwachte Nächte, Erziehungsdiskussionen, Kindersitzkauf und Hängebrüste sind ja nur einige Beispiele. Manche Situationen stechen aber heraus und so ist mir eine Sache als einer der prägnantesten Momente im Gedächtnis geblieben…

Ich bin, wie viele andere Menschen auch, kein Freund von menschlichen Exkrementen. Ich mag weder meine eigenen besonders, noch hege ich irgendwelches Interesse an denen anderer Leute. Die während der Schwangerschaft - in Retrospektive sehr optimistisch überschlagene - Rechnung besagte, dass in den nächsten drei Jahren etwa 5500 zu wechselnde Windeln zu erwarten wären. Eine Rechnung, die bei mir leichte Panikattacken und spontane Schwangerschaftsübelkeit auslöste.

Und über dieses Thema, das Grauen sämtlicher kinderloser Menschen, soll nun auch im Folgenden berichtet werden. Wir haben das wunderbare und seltene Glück, Menschen um uns zu haben, die unsere Freude und Begeisterung über unsere Kinder mit uns teilen. Nicht nur unsere Familien beteiligen sich mit Leidenschaft und Elan an Diskussionen zum Thema Kindererziehung, Sicherheitsstandards von Laufrädern und Windelpreise, sondern auch viele unserer meist kinderlosen Freunde geben uns niemals das Gefühl, mit Kindergeschichten zu langweilen, oder gar zu nerven.

Am Tag, als sich die Begebenheit, von der ich hier erzählen will, ereignete, traf ich mich mit einigen sehr besonderen Freundinnen, die ich bereits aus der Schule kenne. Es war ein nettes Beisammensein mit Wein und leckerem Raclette geplant. Das Ganze fand bei den Eltern einer Freundin statt, die in der Nähe meiner Heimatstadt einen wunderschönen Hof besitzen, mit offenem Herdfeuer, meterhohen Decken und standesgemäßer Esstafel in der riesigen Diele. Wir saßen da, quatschten, lachten, erzählten. Tammo war in dem Alter es als Wonne zu empfinden, von einem Schoß zum nächsten gereicht zu werden und mit zahnlosem Lächeln sämtliche Herzen zu brechen; die Flasche aus zahllosen verschiedenen Händen zu bekommen und dabei stets seine gute Laune zu behalten. Tammo war das erste Baby in diesem Freundeskreis und zehn Mädels kümmerten sich rührend und fürsorglich um ihn.

Aber es gibt eine Sache, bei der sich kinderbegeisterte Kinderlose zu meinem allergrößten Verständnis dann doch zurückziehen: das berüchtigte Windelwechseln. Auch für mich gehörte es immer noch nicht zu meinen Lieblingsbeschäftigungen, aber ich hatte mich mittlerweile meinem Schicksal gefügt und wechselte mit angehaltenem Atem unter Zuhilfenahme von Raumsprays und Unmengen von Feuchttüchern Windel um Windel. Auf meine Bitte nach einer Wickelunterlage brachte mir meine Freundin und Tochter des Hauses ein Kissen. Kein normales Kissen, sondern ein sehr kostbar und sehr alt aussehendes Spitzenkissen, das wahrscheinlich der verstorbenen Großmutter gehört hatte und ein vielgeliebtes und gehütetes Erbstück war. Gut, dachte ich mir, du hast Tammo schon auf Parkbänken, im Kofferraum des Autos, im grünen Gras und in der Luft schwebend gewickelt, dagegen ist ein Spitzenkissen doch mal eine angenehme Abwechselung. Also begann ich, beobachtet von meinen Freundinnen, Tammo trockenzulegen. Erst ging alles gut, die dreckige Windel vom Hintern entfernt, selbigen gesäubert, neue Windel in der einen, die Beine in der anderen Hand wollte ich gerade weitermachen im Text, als ich merkte, dass etwas im Kommen war. Tammo bekam diesen merkwürdig konzentrierten, aber dennoch entrückten Ausdruck im Gesicht, der nur eins bedeuten konnte. Instinktiv hielt ich meine Hände unter seinen Allerwertesten, um eine riesige Ladung Babyschiss in Empfang zu nehmen. Gut, dachte ich, das Spitzenkissen ist gerettet, als ich mehrere Ausrufe des Ekels und Erstaunens hörte. Ich richtete mich auf, um mich hilflos nach einer Deponiermöglichkeit für die gesammelten Werke meines Sohnes umzusehen und nach der Quelle der Ausrufe zu suchen und blickte in zehn völlig entgeisterte Gesichter, die ein gewisses Entsetzen nicht verbergen konnten. Mit der Hinterlassenschaft in den Händen stand ich auf und es fiel mir wie Schuppen von den Augen. Nicht nur wurde mir erneut, diesmal auf stinkende Weise, bewusst, dass ich tatsächlich Mutter eines Sohnes bin, sondern mir wurde auch schlagartig klar, dass ich hier etwas getan hatte, von dem ich niemals dachte, dass ich es jemals tun würde. Bis zu den Ellenbogen in Babykacke zu stecken und nicht das Bedürfnis zu haben eine Sagrotandusche zu nehmen.

Es ist schon erstaunlich, wie leicht man Spleens, Macken und Gewohnheiten ad acta legen kann und einer höheren Macht unterordnet, oder sogar opfert. Sonntagmorgen lange schlafen und dann einen Sekt in der Badewanne trinken – überbewertet. Warum 100 Euro für eine Jacke ausgeben, wenn man dafür auch einen

Duplozoo kaufen kann. Wie könnte man einen schönen Roman dem fünfundzwanzigstem Genuss von „Die kleine Raupe Nimmersatt" vorziehen? Anderes lässt man schwerer los, aber nach vier Jahren als mittlerweile zweifache Mutter steht unumstößlich fest: Die sibirische Tundra ist einer Strandhütte in der Karibik und jedem anderen Ort der Welt vorzuziehen. Ein herrlicher Ort, voller Wunder und Überraschungen. Und außerdem: Volle Windeln können auch durchaus ihre Vorteile haben. Beispielsweise wenn man mit dem Tüv-überfälligen Auto in eine Verkehrskontrolle gerät, der arme Polizist seinen Kopf in das Auto steckt und aufgrund der anheimelnden Geruchsmischung aus verschütteter Milch, altem Auto, schwachem Pommesgeruch und der geballten Ladung Pampersduft schnell die Segel streicht und die Überprüfung so rasch wie möglich beendet. Dann lehnt man sich zurück und wundert sich, dass man sich nicht nur an dem ersten Lächeln, den ersten Schritten, den ersten Worten erfreuen kann, sondern auch an einer prall gefüllten Windel.

ANJA BÖHLING

Ein Start mit Hindernissen und Happy End

Du bist unser Nesthäkchen, und eigentlich hatten wir mit dem Thema „Kinder bekommen" schon lange Jahre abgeschlossen. Aber tief in mir nagte es schon lange – dieser starke Wunsch nach einem dritten Kind. Papa davon zu überzeugen und mit meinem Wunsch anzustecken war gar nicht so einfach, aber mithilfe von deinen großen Geschwistern ging es dann doch überraschend schnell.

Tja, und dann war ich tatsächlich mit dir schwanger. Wahnsinn! Hendrik war inzwischen acht Jahre alt, und ich fühlte mich, als ob es das erste Mal wäre. Mein ganzes Denken drehte sich eigentlich nur noch um dich. Zum einen freute ich mich total, auf der anderen Seite bekam ich plötzlich Angst. Schaffen wir das? Kommen Sarah und Hendrik nicht zu kurz? Und noch tausend andere Fragen …

Tja, und plötzlich kam schon der Januar 2008. Ich wusste bereits, dass du wahrscheinlich einen etwas größeren Kopf als der Durchschnitt bekommst. Nach einer Untersuchung im Krankenhaus stand auch fest, bis zum Termin durften wir dich nicht kommen lassen. Dein Kopf war schon vier Wochen vor dem Termin ziemlich groß. Hendrik hatte damals auch einen „Riesenschädel" und die Geburt war nicht einfach.

Wir beschlossen also, es am 21. Januar (17 Tage vor dem Termin) mit einer Einleitung zu versuchen. Wir hofften, du wärest bereit, auf die Welt zu kommen und bräuchtest nur einen kleinen Anschubser. Leider wolltest du partout nicht. Als dann die Ärztin einen Kaiserschnitt vorschlug, habe ich sofort zugestimmt. Ich empfand die letzten Wochen mit dir in meinem Bauch als sooo anstrengend und außerdem wollten Papa und ich dich doch so gerne endlich im Arm haben.

Zwei Tage später, am 23. Januar, wurdest du uns also auf die Welt geholt. So sehr, wie wir dich bei uns haben wollten, so sehr wolltest du eigentlich noch gar nicht. Deine Größe von 51 Zentimetern und das Gewicht von 4000 Gramm waren zwar perfekt, auch dein Kopfumfang von 39 Zentimetern war stattlich, aber du warst einfach noch nicht bereit. Das hat man dir sofort angemerkt, auch wenn deine Werte okay waren. Du warst noch so müde und kaputt.

Trotzdem waren wir glücklich. Du warst gesund und lagst in unseren Armen. Die ganze Familie freute sich mit uns, allen voran natürlich Sarah und Hendrik.

Die beiden sind dann natürlich abends zusammen mit deiner Uroma und Uropa zu uns ins Krankenhaus gekommen. Mann, waren die aufgeregt. So hatten wir sie lange nicht erlebt …

Du warst immer noch total schlapp und der Kinderarzt hat dich extra noch einmal untersucht. Er kam zu uns ins Zimmer und berichtete, dass alles okay sei und wir dich gleich wiederbekommen würden. Selbst diese Stunde ohne dich war ganz schrecklich für mich. Endlich wurdest du uns wiedergebracht und alle konnten dich ausgiebig begutachten.

Später sind dann alle nach Hause gefahren. Wir beide waren allein. Leider konnte ich mich, durch den Kaiserschnitt, nicht richtig bewegen. Trotzdem habe ich dich die ganze Nacht in meinem Arm gehalten. Ich habe immer wieder versucht, dich anzulegen. Bis auf ein paar kurze Züge wolltest du aber nicht trinken. Auch dein Schlaf war sehr unruhig. Deine Atmung veränderte sich auch mit der

Zeit, sie ähnelte immer mehr einem hechelnden Hund. Die Schwester nahm dich in dieser Nacht einmal mit ins Kinderzimmer. Als du wieder unruhiger wurdest, hat sie dich aber zu mir zurückgebracht, damit wir nochmals das Trinken probieren konnten. Am Morgen wurdest du dann von einer anderen Schwester geholt, damit ich noch mal ein paar Minuten schlafen konnte. Irgendwie kamst du ihr komisch vor. Die Atmung war wirklich nicht normal und außerdem waren deine Füße lila. Sie hat sofort den Kinderarzt gerufen, damit dieser dich noch einmal untersuchen sollte. Aber auch er wusste nicht, was du hattest. Man sah nur inzwischen deutlich, dass es dir nicht gut ging. Also wurde der Baby-Krankenwagen gerufen, der dich ins Kinderkrankenhaus bringen sollte.

All das wurde mir in der Zwischenzeit von meiner Ärztin mitgeteilt. Sie hat es ganz vorsichtig und lieb gemacht, trotzdem brach für mich in dem Moment meine ganze Welt zusammen. Mein Baby ist krank, keiner weiß, was es hat, und es wird von mir weggebracht. Ich habe lange nicht mehr aufgehört zu weinen. Papa hab ich nur eine kurze SMS geschrieben und kurze Zeit später war er auch schon da. Wir durften uns beide noch von dir verabschieden. Du lagst bereits in deinem Transportbett. Mit Kabeln an lauter Monitore angeschlossen. Wie immer hattest du aber deine Augen geschlossen. Da fiel mir auch auf, dass ich deine Augen noch kein einziges Mal richtig gesehen hatte.

Papa und ich haben nur noch geweint. Es tat so unendlich weh, dich einfach so wegzugeben. Du hättest doch eigentlich jetzt in meinem Arm liegen sollen, stattdessen warst du nur mit fremden Leuten zusammen, die alle möglichen Untersuchungen mit dir machten.

Papa fuhr am Nachmittag zu dir in die Kinderklinik. Du lagst auf der Intensivstation bei ganz lieben Schwestern. Leider wussten sie aber immer noch nicht genau, was du hattest. Es stand fest, dass da eine Entzündung im Körper war.

Mir wurde in der Entbindungsklinik mehrmals Blut abgenommen, da auch dieses untersucht werden musste. Man hat in alle Richtungen gesucht, und am nächsten Tag stand dann auch fest, dass du eine Lungenentzündung hattest. Wir waren erleichtert, eine Lungenentzündung kann man behandeln. An diesem Tag durfte ich auch wieder zu dir. Papa holte mich ab und fuhr mit mir dann ganz vorsichtig in dein Krankenhaus. Ich merkte jede kleinste Unebenheit auf der Straße an meiner Narbe, aber das war egal. Ich durfte dich wiedersehen und auch im Arm halten. Durch das Antibiotikum hattest du natürlich die ganze Zeit geschlafen, und essen konntest du nur über eine Sonde. Aber du bist ein kräftiger kleiner Kämpfer, das hat man dir angesehen.

Der nächste Schlag kam ein paar Tage später für Papa und mich. Wir besuchten dich, wie jeden Tag, im Krankenhaus. Inzwischen war ich aus meinem Krankenhaus entlassen worden, so musste Papa nicht mehr durch die ganze Stadt reisen. Als wir ankamen, wurden wir gleich in ein separates Zimmer gebeten. Ein Arzt erschien und zeigte uns ein kleines Plastikteil. Dies wäre eine Kanüle wie die, die in deiner Kopfvene steckte. Beim Entfernen hatten sie festgestellt, dass die vordere, etwa ein Zentimeter lange Spitze fehlte. Es konnte sich keiner erklären. Also hat man dich wieder einmal geröntgt. Und tatsächlich, es war durch die Blutbahn bis ans untere Ende der Lunge gewandert. Dort steckte es nun fest. An dieser Stelle konnte man es nicht so ohne Weiteres entfernen, war aber zum Glück auch nicht mehr wirklich gefährlich. Trotzdem, wir waren wie betäubt.

Ich gebe zu, man denkt so Sachen wie: Warum wir …?"

Auf dieser Intensivstation waren unter anderem viele Frühchen, gegen die sahst du, lieber Niklas, wie ein Riese aus. Obwohl wir mit eigenen Augen sahen, dass es so viele Babys gab, denen es viel schlechter ging, kamen wir uns vor, als ob sich alles gegen uns verschworen hätte.

Der Arzt versicherte uns immer wieder, dass dieses Plastikteil dir mit hoher Wahrscheinlichkeit niemals Probleme machen würde. Aber trotz seiner Beteuerungen hatten wir wieder richtig Angst um dich.

Im Nachhinein kommt mir diese ganze Anfangszeit vor wie im großen Nebel. Ich weiß gar nicht mehr, was um mich herum so vor sich ging. Ich fühlte mich wie in einem Kokon.

Nach einer Woche und einem Tag durften wir dich ganz überraschend wieder mit nach Hause nehmen. Deine Lungenentzündung, das konnte man auf dem Röntgenbild mit dem Plastikteil gut erkennen, war weg. Du hattest zwar noch nicht wunschgemäß zugenommen, aber das konnten wir zusammen mit unserer Hebamme auch zu Hause überwachen.

Endlich fängt unser Leben zu fünft richtig an. Du hast einen sehr holprigen Start ins Leben gehabt, bist aber ein so freundlicher liebenswerter kleiner Kerl. Trotz deiner nach etwa drei Monaten aufgetretenen Neurodermitis bist du fast immer gut gelaunt. Strahlst alle an, lernst mit großen Schritten alles, was man zum Großwerden braucht. Wir gucken dich an und die Anfangszeit verschwindet in unwirkliche Ferne. Was bleibt, ist die Erinnerung an die Angst, die wir um dich hatten. Jetzt bist du acht Monate alt, und ich habe inzwischen von erstaunlich vielen Babys gehört, die ihr Leben mit einer Lungenentzündung begonnen haben. Bei dir kam es wohl von dem Fruchtwasser in der Lunge.

Wir sind so froh, dich zu haben. Mit dir ist unsere Familie komplett. Wir freuen uns auf ein Leben mit dir.

ELKE BÖINGHOFF-RICHTER

Der vollkommenste Moment

Es ist der 9. Mai 2008, 1.04 Uhr – ein Freitag. Irgendetwas hat mich geweckt. Ein Schmerz. Eine Wehe? Ich weiß es nicht, und doch weiß ich es – mein Kind will endlich auf die Welt. Was tun? Erst mal liegen bleiben, vielleicht schlafe ich ja wieder ein. Natürlich schlafe ich nicht wieder ein, sondern warte. Warte auf den nächsten Schmerz als Beweis, dass es wirklich Wehen sind. Und tatsächlich, nach etwas über 20 Minuten ist da wieder dieser Schmerz tief in meinem Bauch. Es geht los! Endlich!

Wird auch Zeit nach fast 41 Wochen. Die Unbeweglichkeit, das Sodbrennen, die Kurzatmigkeit, die regelmäßigen Arztbesuche – ich habe einfach keine Lust mehr auf Schwangerschaft. Endlich möchte ich wissen, wie mein Julchen aussieht. Wem wird es ähneln? Wird es wirklich ganz gesund sein? Oder ist da doch etwas, was sich im Ultraschall nicht erkennen ließ? Die Angst der letzten neun Monate verlässt mich auch jetzt nicht. Aber nun erst einmal: Wehen.

Ich stehe auf und gehe zur Toilette. Dort zeigt sich ein wenig blutiger Schleim. Ist das der Schleimpfropf, den ein werdender Vater einmal meiner Hebamme Ute zeigen wollte? Bei dem Gedanken an diese Geschichte, die Ute uns beim Geburtsvorbereitungskurs erzählt hat, muss ich grinsen. Was den Leuten so alles einfällt … Ich beschließe, nicht wieder ins Bett zu gehen. Im Arbeitszimmer lese ich ein wenig und warte auf die nächste Wehe. Und die nächste und die nächste. So gegen 4 Uhr kommen die Wehen alle zehn Minuten, aber was mir Sorgen macht, ist die Blutung. Ist das normal? Ich beschließe, meinen Mann zu wecken, damit wir ins Krankenhaus können. Aber alles ganz gemächlich. Ich gehe erst einmal unter die Dusche und rasiere mir sogar noch die Beine. Mann, ist das anstrengend. Über meinen Bauch kann ich mich kaum noch nach unten bücken. Aber rasierte Beine müssen sein – man will ja schick sein im Kreißsaal. Um 5.30 Uhr geht es los ins Krankenhaus.

Wir gehen direkt auf die Entbindungsstation, wo mich Silvia als diensthabende Hebamme in Empfang nimmt.

„Ist es endlich so weit?", fragt sie mit einem feinen Lächeln. Sie kennt mich von der geburtsvorbereitenden Akupunktur, zu der ich am Montag war. Wir hatten noch Witze gemacht, ob ich auch die nächste Akupunktur eine Woche später noch mitnehmen würde. Aber das wird dann wohl doch nicht mehr nötig sein. Silvia untersucht mich zunächst und beruhigt mich. Alles in Ordnung, auch die Blutung ist völlig normal. Dann ans CTG, Julchens Herztöne und meine Wehen kontrollieren. Julchens Herz schlägt sehr schnell – ein bisschen zu schnell.

„Aber das wird wohl Ihre Aufregung sein", meint Silvia und schickt mich zur Beruhigung auf Wanderschaft.

Tasche aus dem Auto holen, Zimmer beziehen. Auf dem Weg zurück vom Auto muss ich mich übergeben. Der Pfirsichsaft, den ich zum Frühstück getrunken habe, verabschiedet sich in die Büsche vor dem Krankenhaus. Gut, dass zu dieser frühen Stunde hier keine Leute unterwegs sind, ein Gärtner, der Unkraut jätet, schaut diskret in die andere Richtung. Peinlich genug. Wieder rauf auf die Station, Tasche wegbringen und mein Zimmer beziehen. Dann wieder ans CTG. Mittlerweile ist Kathleen da, die Ablösung für Silvia. Auch Kathleen kenne ich von der Akupunktur und von der Anmeldung. Bei ihr und ihrer ruhigen Art fühle ich mich gut aufgehoben. Und das CTG zeigt auch wieder normale Herztöne bei Julchen. Na dann. Ich rufe meine Freundin an und sage ihr Bescheid. So gegen Mittag will sie da sein. Früh genug, mein Muttermund ist ja erst bei drei Zentimetern.

Ob ich nicht etwas frühstücken möchte? Na ja, Hunger habe ich nicht, im Gegenteil, die Übelkeit will nicht wirklich aufhören. Aber ich weiß, dass ich für die nächsten Stunden etwas im Magen haben muss. Während Achim diverse Brötchen vertilgt, knabbere ich an einer Scheibe Knäcke mit Quark und Marmelade. Immerhin bleibt es drinnen. Dann wieder in den Kreißsaal. Mittlerweile kommen die Wehen so alle fünf Minuten und haben auch an Intensität zugenommen. Nach rumlaufen ist mir nun nicht mehr. Noch mal kurz aufs Zimmer und mein „Entbindungshemd" angezogen, das wir extra ein paar Tage vorher noch gekauft hatten. Ein langes T-Shirt in meiner Größe zu finden hatte sich als schwierig erwiesen, doch schließlich hatten wir doch noch etwas Passendes gefunden. Ich mache es mir erst einmal auf dem Entbindungsbett im kleinen Kreißsaal „gemütlich", alles nimmt seinen Gang und ich bin ganz zuversichtlich. Muttermund, Herztöne – alles in Ordnung.

Als Kathleen gegen Mittag fragt, wie es denn mit einem Schmerzmittel wäre, bin ich aber doch dankbar. Es tut jetzt ganz schön weh. Schneller als gedacht ist schon Essenszeit, und wieder werde ich gefragt, ob ich nicht etwas essen möchte. Mittlerweile ist mir nicht mehr so übel und das Schmerzmittel wirkt auch, also bekomme ich Suppe und gedünsteten Fisch in Senfsoße. Gar nicht mal unlecker. Immer zwischen den Wehen vertilge ich ein paar Happen. Dann kommt auch Britta und ich merke – jetzt geht es richtig los. Die Wehen muss ich nun „veratmen", was mir auch ganz gut gelingt. Ich sitze auf dem großen Gymnastikball und kann schön hin und her schaukeln.

Kathleen ist zuversichtlich und sagt schon dem Arzt Bescheid, der dann mit dazukommt. Der Muttermund ist weit geöffnet, nun müsste es bald mit den Presswehen losgehen.

„Das dauert nicht mehr lang", verkündet Kathleen gegen 16 Uhr. „Eine Stunde noch, dann müsste es überstanden sein."

Das höre ich gern, denn mittlerweile habe ich keine Lust mehr, die Wehen werden immer schlimmer, und bei den ersten Presswehen habe ich das Gefühl, dass es mich zerreißt. Und dann noch mitpressen? Ich habe Panik, und prompt lassen die Wehen nach. Dass ich an den Wehentropf komme, bekomme ich nur am Rande mit, eigentlich war ich dankbar, dass die Wehen nachgelassen haben. Aber jetzt geht der Spaß erst richtig los. Denn Julchen will nicht wirklich geboren werden, immer wieder rutscht sie im Geburtskanal zurück. Ich muss zurück ins Bett, der Schmerz haut mich einfach von den Füßen. Mein Mann hält mich fest, und Britta spricht mir immer wieder Mut zu und lobt mich, was mir richtig gut tut.

Und dann um 17.43 Uhr geht alles auf einmal ganz schnell, mein Julchen flutscht einfach so aus mir heraus, während Arzt und Hebamme noch „Stopp, nicht so schnell" rufen. Aber das habe ich nicht mehr unter Kontrolle. Kathleen legt mir mein Kind, so wie es ist, in die Arme. Das hatte ich mir vorher immer irgendwie ein bisschen eklig vorgestellt, mit all dem Blut und dem Schleim. Doch mein Julchen kommt fast blitzsauber und mit einem kräftigen Schrei auf die Welt – als hätte sie gewusst, wie ich es gerne hätte. Und dann ist er da – der vollkommenste Moment meines Lebens. Viele sagen, es sei der glücklichste ihres Lebens gewesen, aber das kann ich nicht sagen. Denn um Glück zu empfinden, muss ich den Moment mit einem anderen vergleichen können, muss an Vergangenes und an Zukünftiges denken. Aber für diesen Moment der Geburt habe ich keinen Vergleich. Es gibt kein Vorher und kein Nachher, nur diesen einen vollkommensten Moment. Ich halte meine Tochter in den Armen und alles ist perfekt.

VERENA BRANDES

Der erste Muttertag

Jedes Mal, wenn ich heute an den Tag der Geburt meiner Tochter Lara Anfang Mai 2007 zurückdenke, wird mir sofort warm ums Herz und ich fange an zu lächeln. Die Erinnerungen an dieses einzigartige Erlebnis sind auch nach über einem Jahr noch so intensiv. Ich glaube, ich hatte wirklich sehr viel Glück, denn ich durfte die Geburt meiner Tochter so erleben, wie ich es mir immer erträumt hatte – auf natürlichem Wege, ohne Komplikationen und dank entsprechender Schmerzmittel ohne allzu starke Schmerzen. Nie werde ich diesen Moment vergessen, als mein kleines Baby aus mir herausflutschte und ich kurz darauf seine ersten Schreie vernahm. Ich spürte in diesem Moment nicht den geringsten Schmerz, dafür aber ein unendlich großes Glücksgefühl, das meinen Körper durchströmte! Es war gigantisch und kaum in Worte zu fassen. Mein Mann schien ähnlich zu empfinden, denn ihm liefen die Tränen nur so über die Wangen.

Da war sie nun, unsere kleine Prinzessin, auf die wir so sehnlich gewartet hatten. Sie war wunderschön, einfach perfekt. Wir verbrachten noch einige Zeit gemeinsam im Kreißsaal und bestaunten sie – vor allem diese riesigen Augen, die uns gleich ansahen. Sie kam uns von Anfang an so „wach" vor – zumindest wenn sie tatsächlich wach war. Denn unsere kleine Lara schien von Beginn an für ihr Leben gern zu schlafen. Das musste sie von ihrem Papa haben …

Am zweiten Tag nach der Geburt begann unser bis dahin größtes Abenteuer. Mein Mann, Lara und ich machten uns zum allerersten Mal auf den gemeinsamen Heimweg. Es war ein mulmiges Gefühl, begleitet von Aufregung und Vorfreude, das weiß ich noch. Bevor wir die Klinik endgültig verließen, war ich sogar den Tränen nahe, denn der Gedanke, von nun an ganz allein für unsere kleine Tochter verantwortlich zu sein, ihre Bedürfnisse erkennen und für sie sorgen zu müssen, machte mich unruhig und zugleich ein wenig ängstlich. Im selben Moment freute ich mich unendlich darauf, den Alltag mit der kleinen Maus kennenzulernen.

Zuhause angekommen wurde ich erneut von meinen Gefühlen überwältigt. So liebevoll hatte mein Mann alles für unsere Ankunft vorbereitet. Auf seinem Nachttisch stand sogar bereits ein wunderschönes Foto, das kurz nach der Geburt von Lara aufgenommen worden war. Wieder war da dieses Glücksgefühl, das mich seit dem Moment der Geburt in sehr, sehr kurzen Abständen packte. Dabei wartete ich doch eigentlich schon darauf, dass jeden Moment der „Baby-Blues" einsetzen würde. Erst später wurde mir klar, dass auch ich diese sogenannten „Heultage" nach der Geburt erlebt hatte. Nur äußerten sich diese in meinem Fall vielleicht etwas anders, als man es sich normalerweise vorstellt. Ich verspürte keinerlei Traurigkeit. Zwar heulte ich bei jeder Kleinigkeit los, doch all diese Kleinigkeiten hatten in meiner Erinnerung ausschließlich positive Auslöser und waren mit positiven Gefühlen verbunden.

So war es auch am dritten Tag nach der Geburt unserer Tochter, einem ganz besonderen Tag, nämlich dem ersten Muttertag, den ich tatsächlich als Mutter erleben durfte. Solange ich mich erinnern kann, hatte ich niemals zuvor einen einzigen Muttertag vergessen. Es war mir immer wichtig gewesen, meine eigene Mutter an diesem Tag zu sehen und ihr etwas Schönes zu schenken oder – falls ich einmal doch nicht bei ihr sein konnte – ihr wenigstens eine liebevolle E-Mail zu schreiben. In dem ganzen Durcheinander nach der Geburt, den vergangenen Tagen im Krankenhaus, den vielen Besuchen von Familie und Freunden, den ersten Stillversuchen, dem ungläubigen Staunen über dieses kleine Neugeborene hatte ich jedoch jegliches Zeitgefühl verloren und machte mir erst recht keine Gedanken über eventuelle Termine. Ich dachte also weder an meine Mutter noch daran, dass ich selbst meinen ersten Muttertag als frischgebackene Mama erleben würde.

Völlig ahnungslos ging ich an diesem Morgen ins Bad und machte mich frisch, während mein Mann schon das Frühstück vorbereiten wollte. Ich war ganz versunken in meine Gedanken um Lara und natürlich noch ziemlich müde, denn die erste Nacht mit unserer Kleinen zu Hause war alles andere als entspannt und erholsam gewesen. Als ich dann kurz darauf die Wohnzimmertür öffnete und verschlafen hineinschlurfen wollte, traute ich meinen Augen nicht! Der Esstisch war wunderschön gedeckt, sogar zwei Sektgläser standen bereit (wir hatten vergessen, im Kreißsaal anzustoßen …), daneben stand eine Vase mit einem riesigen Strauß roter Rosen, darunter eine Karte, auf der ich „Zum Muttertag …" lesen konnte, und – das Allerschönste – direkt neben den Esstisch hatte mein Mann die kleine Holzwiege geschoben, in der nun unsere Tochter lag und leise gluckste. Ich war überwältigt und musste hemmungslos losflennen. Wenn ich heute daran denke, bekomme ich immer noch ein Kribbeln in der Magengegend. Ich hätte wirklich nicht glücklicher sein können in diesem Moment. In den vergangenen sechs Jahren, in denen mein Mann und ich bis dahin zusammen waren, hatte er es so gut wie nie geschafft, mich richtig zu überraschen, da ich doch immer irgendeine Ahnung hatte und „den Braten roch" – selbst bei seinem Heiratsantrag! Dieser Tag war anders, etwas ganz Besonderes!

Natürlich kann ich mich auch noch an weniger schöne Momente in der ersten Zeit mit unserer kleinen Tochter erinnern. Wie jedes andere Elternpaar waren auch wir sehr schnell verunsichert und zweifelten oft, ob wir uns richtig verhielten. Zum Glück hatten wir in dieser ersten Zeit unsere Hebamme an der Seite, die uns immer wieder unsere Ängste nahm, uns beruhigte und uns in unserem Verhalten bestärkte, die uns lobte und uns das Gefühl gab, gute Eltern zu sein. Das war wirklich sehr erleichternd. Wenn ich da noch an eine (natürlich kinderlose) Arbeitskollegin denke, die ganz erstaunt meinte: „Nachsorgehebamme – wer braucht denn so was?" ... Wenn die wüsste! Ich kann mich sogar erinnern, dass ich in den ersten Tagen hin und wieder den Tränen nahe war, wenn unsere Hebamme zu einem neuen Termin aufbrechen musste, und dass ich heimlich die Stunden zählte, bis sie uns wieder besuchen würde. Umso schöner war es festzustellen, dass diese Momente seltener wurden, bis mir irgendwann selbst der Gedanke, dass die Hebamme gar nicht mehr kommen würde, keine Angst mehr machte. Nein, wir waren jetzt eine kleine Familie. Wir machten das alles großartig zusammen. Wir hatten uns nach den ersten Wochen, die hauptsächlich von Freude, aber auch einem großen Teil an Unsicherheit geprägt waren, als Familie gefunden und konnten nun unsere gemeinsame Zeit vollkommen genießen.

Da unser Kind im Mai geboren worden war, hatten wir das große Glück, bald ein paar wunderschöne Frühsommertage gemeinsam genießen zu können. Es war herrlich, sich mit dem Kinderwagen an der frischen Luft zu bewegen, am See spazieren zu gehen und sich hin und wieder in ein Café zu setzen. Dabei wurden wir immer mutiger. Nachdem wir gemerkt hatten, dass unsere Tochter in ihrem Kinderwagen äußerst zufrieden war und sie sofort friedlich einschlummerte, sobald wir uns mit dem Wagen vor die Tür bewegten, hielten wir uns immer länger draußen auf und wagten immer größere Ausflüge. Oft bummelten wir stundenlang durch die Stadt – sogar Shoppen war schon wieder möglich! Dabei war es bei unseren längeren Unternehmungen jedes Mal so, dass Lara just in dem Moment, in dem man die Wohnungstür aufschloss, wieder ihre Äuglein öffnete. Es war herrlich. Von anderen jungen Müttern erntete ich zum Teil verständnislose Blicke, wenn ich von unseren Ausflügen in diverse Cafés berichtete. Einige trauten sich mit ihrem Neugeborenen keinen Restaurantbesuch zu, andere mochten die Vorstellung nicht, allein mit Baby in einem Café herumzusitzen. Ich hatte damit allerdings kein Problem. Ich genoss es, ganz in Ruhe meine Latte macchiato zu trinken und dabei mein Baby zu beobachten, während es friedlich schlummerte. Einzig und allein vor dem Stillen in der Öffentlichkeit graute es mir. Aber das ließ sich eigentlich sehr gut vermeiden. Das Stillen war mir heilig. Ziemlich lange hatte es gedauert, bis es ganz problemlos funktionierte. Ich weiß noch, wie verkrampft ich am Anfang dahockte, das Stillkissen durfte sich keinen Millimeter verschieben. Ich musste eine ganz bestimmte Position einnehmen – und wehe, wenn etwas verrutschte! Außerdem hatte ich am Anfang panische Angst, dass Lara vielleicht nicht satt werden könnte oder es mit dem Anlegen vielleicht einmal nicht klappen würde. Schließlich war ich ja ganz allein für ihre Ernährung zuständig und keiner konnte mir dabei behilflich sein. Dieses Gefühl war zwar zunächst etwas komisch, aber gleichzeitig auch wunderschön. In den ersten Wochen hatte ich noch ziemliche Schmerzen beim Stillen, aber ich biss die Zähne zusammen, ließ mir von meiner Hebamme Quarkwickel machen und hoffte darauf, dass es irgendwann besser werden würde. Keine Sekunde dachte ich daran, aufzugeben! Denn es war einfach zu schön, diese kleine warme Patschhand auf meiner Haut zu spüren und gleichzeitig das fleißige Schmatzen meiner Tochter zu hören. Dafür hat sich alle Geduld gelohnt. Auch diese Momente werden mir für immer in Erinnerung bleiben. Wer weiß, ob ich jemals wieder in meinem Leben so etwas Schönes erfahren darf.

Was mich in diesen ersten Monaten mit meiner Tochter ganz besonders beeindruckt hat, war die Tatsache, dass sich das Gefühl der unendlich großen Liebe tatsächlich noch unendlich oft steigern lässt. So etwas kann man sich eigentlich gar nicht vorstellen. Aber es ist wirklich so. Man liebt jemanden so sehr, wie man noch nie zuvor geliebt hat, und doch hat man das Gefühl, dass diese Liebe von

Tag zu Tag größer wird, mit jedem besonderen Moment, den man mit seinem Baby erlebt. Das ist einfach unbeschreiblich schön!

Mittlerweile, nach über einem Jahr mit meiner Tochter, ist alles wesentlich ruhiger geworden. Die Tage mit Lara sind nach wie vor sehr spannend und hauptsächlich geprägt von Freude und Glück, auch wenn alles nicht mehr ganz so aufregend ist wie in den ersten Monaten. Es gibt Momente, in denen man auch mal allein sein möchte oder Ausflüge in sein „altes Leben" unternimmt, wie Abendveranstaltungen, ein Essen mit Freunden ... Man wird im Alltag wieder öfter mit Dingen konfrontiert, die man in der ersten Zeit mit Kind einfach total ausgeblendet hat. Aber egal, was auch passiert, dieser kleine Mensch wird immer das Wichtigste sein und die höchste Aufmerksamkeit bekommen!

CAROLIN CAMIN

Alles ist anders

Da warst du also. Neun Monate in meinem Bauch haben nicht gereicht um mich darauf vorzubereiten, dass ich dich so lieben würde. Nie hätte ich geahnt, dass das eine so allumfassende Veränderung ist, dass du in mein Leben kommst. Plötzlich bist du da, du kleiner Mensch. Lachst mich an, brauchst mich und liebst mich. So lange waren wir zu zweit, aber jetzt bist du da, und es ist, als wäre es schon immer so. Vergessen ist, dass es dich mal nicht gab. Das ist geradezu unvorstellbar. Du bist da und mit dir ein völlig neues Leben. Ein so erfülltes und schönes, wie ich es bisher kaum hatte. Du bist mein Lebensziel, du vervollständigst mich.

Wenn ich zurückdenke, erinnere ich mich an eine tolle Zeit. Eine Zeit, in der ich mit deinem Papa unterwegs war, nächtelang durchgemacht und tags darauf bis nachmittags geschlafen. Wir waren Doppelverdiener, mussten nicht groß aufs Geld achten, hatten jede Menge Freunde, viel Platz in der Wohnung, so viel Zeit füreinander und jeder individuell für sich, und wir waren richtig glücklich.

Jetzt gibt es dich, kleine Maus, und alles ist anders. Wir sind nicht mehr zu zweit unterwegs, sondern zu dritt und nicht mehr nachts, sondern tagsüber. Ausschlafen ist zur Rarität geworden.

Wir haben nur noch ein Gehalt und müssen jetzt um ein Vielfaches sparsamer sein. Das Arbeitszimmer ist ein Kinderzimmer, unser Platz also geschmolzen. Wir haben wenig Zeit füreinander und noch weniger für uns selbst ... und sind noch 1000-mal glücklicher als zuvor.

Wir wechseln stinkende Windeln und kämpfen dabei mit deinen strampelnden Beinchen. Wir trösten dich, wenn du Zähnchen bekommst. Wir bereiten in regelmäßigen Abständen Breie oder Flaschen. Wir waschen und bleichen Karottenflecken, interessieren uns für Kinderhomöopathie, informieren uns über alles, was dich angeht, doppelt und dreifach gründlich. Krabbeln mit dir am Boden rum, um erstens dich dazu zu motivieren, mitzumachen, und zweitens, um potenzielle Gefahrenquellen zu entdecken. Wir versinken teils im Chaos und keinen stört es. Wir begeistern uns für Dadada- und Mamama-Laute, springen rum vor Glück, wenn etwas ganz Neues gelingt, und sind stolz wie Nobelpreisträger, wenn das Zähnchen endlich rausblitzt.

Es ist alles so anders. Es ist alles so wunderbar. Um nichts in der Welt würde ich tauschen für ein Leben ohne dich, die unsere Welt dermaßen phantastisch auf den Kopf stellt und so unendlich reich gemacht hat.

Ich bin so glücklich und stolz wie noch nie in meinem Leben und so unfassbar dankbar, dass ich das erleben darf. Ich vermisse gar nichts. Ich liebe mein Leben mit dir, es ist wundervoll. Und ich liebe dich mehr, als ich es je werde sagen können.

CARMEN DREYER

Die erste gemeinsame Zeit – wie in Watte gepackt

Sonntag, 19.40 Uhr. Du bist da – endlich! Frisch aus dem Bauch per Kaiserschnitt geschlüpft, nach 26-stündigen erfolglosen Wehen. Die Hebamme hat dich seitlich neben mich gelegt. Meine Arme sind noch festgeschnallt wegen der Infusionen und Überwachungsgeräte und ich kann dich nicht selbst halten. Da streckst du mir deine warme, rosige Hand entgegen und ich kann dir einen Kuss aufdrücken. Ich betrachte dich. Objektiv betrachtet bist du nicht schön. Du hast viele rote Flecken im Gesicht, die Nase ist ganz dick und verknautscht und im Ganzen siehst du aufgequollen aus. Ob du auch Wassereinlagerungen hast wie deine Mama? Du blinzelst und gähnst. Es überrollt mich einfach so, ich könnte heulen, ich liebe dich von diesem Moment an. Auch bei deinem Papa tropft es von der Nasenspitze.

Nach vier Tagen zu dritt im Familienzimmer des Krankenhauses gehen wir gespannt und aufgeregt nach Hause. Du bist noch so winzig. Papa und ich verbringen Stunden damit, dich zu betrachten, deine Finger zu befühlen und über deine Mimik zu staunen. Wir haben uns ein Nest auf dem Sofa eingerichtet mit Stillkissen, Decke und allem, was man so braucht. Die meiste Zeit schlafen wir. Erschöpft von der Schwangerschaft und der Geburt brauchen wir jetzt alle drei viel Schlaf.

Wir bekommen täglich Besuch und machen jeden Tag lange Spaziergänge. Durch dich lernen wir unsre Umgebung jetzt erst richtig kennen. Und wir sind stolz. Es muss uns auf der Stirn geschrieben stehen: Wir sind eine Familie.

Nachts schläfst du in deinem Stubenwagen im Elternschlafzimmer. Sobald auch nur ein kleiner maunzender Laut von dir kommt, springt dein Papa aus dem Bett, nimmt dich hoch und übergibt dich an mich zum Stillen. Du bist ein Nimmersatt. Innerhalb von zehn Minuten trinkst du beide Milchtankstellen leer. Oft sind wir beide so müde, dass wir noch vor Papa wieder einschlafen, ich sitzend im Bett mit ausgepackter Brust und du in meinem Arm mit offenem Mäulchen, aus dem ein kleiner Milchsee tropft.

Unser Fotoapparat ist im Dauereinsatz. Alles, was du tust, muss festgehalten werden. Wir haben bestimmt schon eine Million Bilder von dir gemacht. Als du dann vier Monate alt bist, geht's zum Profifotografen, und die ganze Familie wird richtig in Szene gesetzt, aber du bist der heimliche Star des Shootings. Die Fotos bekommen dann Oma und Opa zu Weihnachten.

In deiner Freizeit schleppen wir dich zu unterschiedlichen Kursen. Du besuchst die Babymassage und genießt die sanften Berührungen und den Kontakt zu den anderen Zwergen. Das Babyschwimmen macht dir dagegen erst mal weniger Spaß, aber in der letzten Kursstunde fängst du plötzlich begeistert an zu planschen. Seit dieser Zeit bekommen wir dich auch aus der Wanne zu Hause fast nicht mehr heraus. Als du dann sieben Monate alt bist, treten wir gemeinsam einer PEKiP-Gruppe bei. Wir werden toll aufgenommen, bekommen tolle Anregungen und du schließt Freundschaft mit den unterschiedlichsten Kindern.

Das erste Jahr mündet dann in deinen ersten Geburtstag. Es wird gegrillt im Garten und Verwandte und Freunde feiern mit dir. Du lachst den ganzen Tag und lässt es dir gut gehen. Dein erstes Stück Kuchen im Leben verputzt du bis auf den letzten Krümel. Als besonderes Geschenk haben Papa und ich eine kleine Kiste für dich angelegt. Darin befinden sich Erinnerungsstücke, und an jedem Geburtstag werden wir dir einen Brief dazulegen, der dein vergangenes Lebensjahr beschreibt. So kannst du eines Tages als Erwachsener selbst nachlesen, was es Wichtiges zu berichten gab.

Das erste Jahr war also angefüllt von Liebe, Vertrauen, Freundschaft und Entwicklung. Wir möchten keine Sekunde mit dir missen und noch viel mehr erleben. Auf ins nächste spannende Jahr: Der Fotoapparat liegt schon bereit, und vielleicht besuchen wir ja bald das Eltern-Kind-Turnen, um weiter neue Wege gemeinsam zu gehen.

ALICE FERNANDEZ CASTILLO

Der schwere Start von Lorena Daria

Ich stelle mich erst einmal vor. Ich bin Lorena Daria und bin am 11. Mai 2008 in Frankfurt am Main geboren. Mit 50 Zentimetern, 3000 Gramm und 34,5 Zentimetern Kopfumfang. Meine Geburt war toll. Ich erblickte die Welt als Erstes mit meinem Hinterteil und hörte Papa reden: „Ich sehe den Hintern." Mama war das, so glaube ich jedenfalls, erst egal, sie sagte nur die ganze Zeit, sie will nicht mehr. Was sie damit meinte, weiß ich nicht, das frage ich sie, wenn ich älter bin.

Nun ja, um 18.28 Uhr war ich dann da. Nach sechs Tagen, davon zwei Tage unter Fototherapie wegen Gelbsucht, ging es nach Hause. Da warteten schon viele fremde Gesichter auf mich. Und eine Frau, die uns öfter besuchte. Mama nannte sie Hebamme. Nach drei Wochen machte sich Mama Sorgen, weil ich nur schrie und grau im Gesicht war. Das fand aber nur Mama; sie sagte zu Papa, dass wir alle drei ins Krankenhaus fahren sollten. Dort angekommen kamen solche Menschen in Weiß auf mich zu und nahmen mir aus dem Arm Blut ab. Das tat so weh, dass ich ganz doll weinte. Nicht mal einen Lutscher oder Sonstiges gab es als Entschädigung.

Dann sagten sie, dass ich und Mama dableiben müssten. Diagnose: Nierenbeckenentzündung, Blutvergiftung. Mama weinte schrecklich. Wir erhielten ein möbliertes Zimmer, und ich bekam noch einen Schlauch in den Arm, wo Wasser durchlief. Nun ja, von dem Tag an war jeder Tag immer der gleiche. Morgens standen immer sieben Ärzte und Studenten vor mir, jeden Tag musste ich ins Labor, und dann wurde ich in den Finger gestochen, da sie noch was gefunden hatten. Ich hatte eine Neutropenie (zu wenige weiße Blutkörperchen), woraus im schlimmsten Fall Leukämie entstehen kann. Und als Sahnehäubchen obendrauf bekam ich auf der Station noch ein Adenovirus.

Meine Mama sah zu der Zeit sehr mitgenommen aus. Keiner wusste, warum ich das hatte, und man wollte eine Knochenmarkpunktion machen; also musste ich nüchtern bleiben. Nach sechs Stunden ohne Essen kam der Arzt und überließ die Entscheidung, was gemacht werden sollte, meinen Eltern. Sie entschieden sich

dagegen. Nach über einem Monat durften wir das Krankenhaus verlassen und ich wurde ambulant von Hämatologen betreut. Ich wurde dort oft gestochen, auch in den Kopf. Meine Blutwerte stiegen bei jeder Kontrolle, was alle immer wieder sehr freute. Heute, mit fast fünf Monaten, bin ich gesund, außer einem Schnupfen zurzeit. Einen festen Schlafrhythmus habe ich auch, immer dann, wenn Mama schlafen will.

Mama und Papa haben dann geheiratet und am nächsten Tag war meine Taufe. Es gab leckere Torten, wie ich das sehen konnte. Ich esse derzeit Kartoffeln mit Möhren und Fleisch. Dabei muss ich immer die Garage aufmachen, weil ein Auto mit Essen parken möchte in meinem Mund. Nun wiege ich 7200 Gramm, bin 67 Zentimeter groß und kann jetzt auch alles machen, was andere Kinder so tun. Baden finde ich ganz toll, besonders wenn ich mit Papa baden darf, dem ist das Wasser immer zu kalt, in dem ich bade. Ich habe auch zwei ganz tolle Omas und Opas, die mit mir spielen und spazieren gehen. Eigentlich eine ganz nette Familie. Das Tollste ist, dass meine Mama mir ständig Anziehsachen kauft. Somit habe ich zwei große Schränke voll und sehr viel Spielzeug, für das ich mich so langsam zu interessieren anfange. Papa steht auch nachts auf und gibt mir Essen, wenn Mama zu müde ist. Nach dem schweren Start in mein Leben lebe ich jetzt ein sehr schönes, ruhiges, harmonisches Leben mit meinen Eltern, denen ich sehr viele Sorgen bereitet habe.

Lorena Daria ist eine starke kleine Maus. Wir lieben dich.

SUSANNE FÖRSTER

Von Baby-Blues und Glücksgefühlen ...

Heute bin ich 31 Jahre alt und dreifache Mutter. Ich habe zwei Söhne und eine Tochter. Als ich Anfang zwanzig war, weinte ich noch bittere Tränen, weil ich glaubte, keine Kinder bekommen zu können. Ich verhütete vier Jahre lang nicht und wurde einfach nicht schwanger. Irgendwann war ich dann so weit, loszulassen. Ich bewarb mich als Krankenschwester auf der MS Deutschland und parallel dazu in den USA als Krankenschwester. Ich war gerade Single geworden und wollte nun mein Leben ganz allein für mich auskosten.

Bis es so weit war, traf ich mich noch sporadisch mit meinem heutigen Ehemann. Warum heutiger Ehemann? Nun, als ich die Einladung zum Vorstellungsgespräch nach Amerika in den Händen hielt, passierte etwas, was ich bis heute nicht begreife: Ich war SCHWANGER! Und ich weinte nicht eine einzige Träne um den verloren gegangenen Freiheitstraum!

Ich blieb, wo ich war, heiratete und bekam 18 Monate nach der Geburt meines ersten Sohnes unseren zweiten Sohn! Natürlich auf die gleiche Art und Weise wie bei meiner ersten Schwangerschaft: Als wir wollten, klappte es nicht. Aber als ich eine TV-Rolle bekam und schon die große Schauspielkarriere witterte, schwups – da kam mein zweitgeborener Sohn dazwischen!

Eigentlich müsste jetzt jeder denken: Mensch, so ein Glück! Zwei gesunde Kinder, und das, obwohl so viele Paare heutzutage unfruchtbar sind und es ja auch bei mir ganz danach aussah.

Und wir hatten dann auch mit der Kinderplanung abgeschlossen. Eigentlich ... denn die letzte Geburt war einfach nur dramatisch und schrecklich, und nach jeder Geburt plagte mich die ersten Tage der Baby-Blues. Es fühlte sich an wie Depressionen, wie Verzweiflung, wie Traurigkeit. Das ganze Leben ändert sich nach der Geburt eines Kindes. Ganz plötzlich ist man nicht mehr nur für sich selbst verantwortlich, sondern plötzlich zählt nur noch dein Kind! Du trägst die ganze Verantwortung für ein süßes, kleines, hilfloses Lebewesen. Eigentlich müsstest du superglücklich sein, denn dein sehnlichster Wunsch hat sich erfüllt.

Doch in dir brodelt es: Bin ich jetzt nur noch Hausfrau und Mutter? Und warum hört mein Kind nicht endlich auf zu schreien?

Dieses schreckliche Gefühl hielt bei mir zum Glück nie lange an, und schnell konnte ich mich an mein neues Leben mit meinen Babys gewöhnen und es genießen. So sehr, dass in mir und meinem Mann immer wieder der Wunsch nach einer Tochter aufkeimte.

Aber drei Kinder? Wird einem das nicht zu viel? Drei Kinder aufziehen? Drei Kinder durch die Schulzeit bringen? Drei Kindern ein vernünftiges, finanziell abgesichertes Leben bieten können?

In mir wuchs wieder diese Traurigkeit. Immer wenn ich eine Mutter mit ihrer Tochter sah, wurde ich wehmütig. Ich würde nie eine Tochter haben …

Eines Tages sah ich im Kleidergeschäft ein rosafarbenes Tutu. Ich konnte irgendwie nicht daran vorbeigehen. Ich wollte wenigstens so tun, als hätte ich eine Tochter. Ich wollte auch mal etwas Rosafarbenes kaufen dürfen! Ohne lange zu überlegen, schleppte ich das Tutu zur Kasse. Ein wenig komisch war es schon. Zu Hause legte ich das Tutu in meine Kommode zu meiner Unterwäsche. Ich wollte es bei mir haben. Ich holte es oft hervor und dachte dann immer an meine Tochter, die ich nie haben würde. Denn drei Kinder! Nein, das war einfach unvorstellbar! Und wer sagte, dass es ein Mädchen werden würde, wenn wir es noch mal versuchten? Und dann wieder wie bei den Jungs in der Schwangerschaft das ständige Liegen wegen vorzeitiger Wehen? Wieder eine furchtbare Geburt? Wieder diese Wochenbettdepression? Alles sprach dagegen, mein Mut sprach dagegen. Unser Mut.

Dann kam der Sommer 2007. Unsere Söhne waren inzwischen im Kindergartenalter und ich hatte in der Zeit endlich mal wieder Zeit für mich. Und meinen Mann. Und dann kam ein magisches Sommergewitter. Magisch, weil in dieser Nacht unsere Tochter entstand! Einfach so, ein Versuch, wenn nicht jetzt sofort, dann gar nicht! Es war unser erster und einziger Versuch, es spontan darauf ankommen zu lassen. Hätte es nicht geklappt, hätten wir wohl nie wieder den Mut gehabt, es noch mal zu probieren.

Aber so einfach sollte es nicht sein. Zwar hielt ich zwei Wochen später überglücklich den positiven Schwangerschaftstest in der Hand, doch gleich der erste Besuch bei meiner Frauenärztin sollte uns die schöne Hoffnung nehmen. Eine Einblutung gleich neben der Fruchthöhle. Es könnte abgehen. Aber es blieb! Es folgten wochenlange Krankenhausaufenthalte. Erst wegen Schwangerschaftserbrechen, ich konnte nicht mal Wasser in mir behalten. Dann ging es wie bei den Jungs los mit vorzeitigen Wehen. Nur viel schlimmer. Ich musste auch über Weihnachten im Krankenhaus bleiben und weinte mir die Seele aus dem Leib, weil ich meine Jungs so sehr vermisste. Es war schrecklich. Silvester drängte ich dann auf Entlassung, und weil es einigermaßen gut aussah, durfte ich nach Hause.

Es wurden viele, viele Ultraschalls gemacht. Und jedes Mal bestätigte mir der Arzt, wir würden eine Tochter erwarten. Aber ich glaubte ihm nicht! Wieso auch sollten wir so viel Glück haben???

Am 22. Februar 2008, um 18.46 Uhr, hielt ich nach einer Traumgeburt meine TOCHTER zum ersten Mal im Arm. Die Hebamme legte sie mir auf den Bauch, zugedeckt mit einem Handtuch. Ich fragte: „Ist es denn wirklich ein Mädchen?" Wir schauten zusammen unters Handtuch: JA! Dana Summer war da!!!

Und nicht nur sie wurde geboren. Denn nach ihrer Geburt erlebte ich noch Wochen danach ein unglaubliches Glücksgefühl in mir! Kein Baby-Blues, nein, Baby-Hoch! Als hätte mir meine kleine Zauberfee eine Portion Glücksgefühle mitgebracht. Vielleicht waren es auch nur die Hormone? Ich habe dieses Gefühl von Glückseligkeit vorher noch nie erlebt. Und jeder, der versuchte, es mir mit seiner schlechten Laune mieszumachen, bekam richtig einen ab. Nichts und niemand konnte es mir nehmen! Ich schwebte! Beim Autofahren, beim Einkaufen, beim Putzen, selbst beim Aufstehen, obwohl ich sonst der absolute Morgenmuffel bin. Ich hatte wochenlang anstatt Baby-Blues ein Lächeln auf den Lippen.

Selbst heute, sieben Monate nach der Geburt meiner Tochter, braucht sie mich nur anzulächeln und jede schlechte Laune verfliegt. Wenn sie morgens aufwacht, schreit sie nicht vor Hunger, nein, sie lächelt uns einfach nur an.

Manchmal frage ich mich, womit ich so viel Glück verdient habe. Und wieso anderen dieses Glück verwehrt bleibt. Ich wünsche uns und allen anderen, dass es noch viele Glücksmomente im Leben gibt. Denn das macht es aus. Das Leben. Egal, ob es ein neugeborenes Leben ist oder es einen mittendrin erwischt!

Hüpf, Mama, hüpf

Es ist einfach wunderbar, ein Baby zu bekommen. Schon all die Gedanken, die man sich schon im Vorhinein macht: Wie wird es wohl aussehen, welche Charakterzüge wird es wohl haben? Wie wird der Alltag mit dem Kleinen aussehen? Wie viele Strampler braucht man und sollten die nicht alle besser aus Biobaumwolle sein? Welcher Kinderwagen ist für uns und für das Baby der beste? Wie lange schläft das Kleine überhaupt und braucht es dazu ein Bettchen und einen Stubenwagen?

Gerade beim ersten, lang herbeigesehnten Baby sind wohl alle Eltern darum bemüht, das Beste an Ausstattungsgegenständen für das Kind auszuwählen und sich auf das Abenteuer „Wir haben nun ein Baby" voll und ganz einzulassen. Doch niemals wäre uns – bevor Noah auf die Welt kam – eingefallen, welcher Gegenstand in unserem Tagesablauf eine so immense Bedeutung gewinnen sollte.

Vier Jahre ist es nun her, dass Noah, unser erstes Kind, geboren wurde. Er war – was wahrscheinlich jede Mama von ihrem Baby sagen wird – das knuffigste Baby überhaupt. Und er hatte eben diese ganz besondere Vorliebe, die uns zwei Jahre lang ziemlich auf Trab hielt, aber uns auch einiges deutlich vereinfachte.

Es war ein sonniger Tag im Herbst, Eichhörnchen hüpften aufgeregt den Walnussbaum vor unserem Fenster rauf und runter und sammelten emsig die letzten Vorräte für den Winter ein. Nachdem wir drei uns an unser frisches Familienglück in aller Ruhe gewöhnen konnten, ging mein Mann nach drei Wochen Babyurlaub an diesem Tag das erste Mal wieder zur Arbeit und Noah und ich verbrachten unseren ersten Tag alleine. Nach einem Spaziergang an der frischen Luft und einem großen Schluck an Mamas Brust wäre Noah – wie eigentlich jedes Mal nach einer Mahlzeit – beinahe eingeschlummert. Aber eben nur beinahe. Dieses Mal war es anders: Kaum, dass ihm die Äuglein auf meinem Arm zufielen, schreckte er wieder hoch und fing an zu weinen. Oh, was hatte der Kleine bloß? Tut ihm irgendetwas weh? Egal, wie ich ihn hielt – vielleicht saß ja noch ein Bäuerchen schief und drückte ihn –, es half nichts. Egal, ob ich ihn herumtrug oder hinlegte – vielleicht brauchte er ja einfach mal seine Ruhe –, er schrie immer noch. Mittlerweile so doll, dass er sich schon verschluckte. Ich trug ihn drei Stunden durch die Wohnung, sang ihm vor, sprach beruhigend auf ihn ein, doch er kam nicht zur Ruhe. Man muss wohl dazu sagen, dass der erste Moment, in dem man seinem ersten Baby nicht direkt helfen kann, wohl immer ein ganz besonderer ist. Alle Theorien und das Vertrauen in die eigenen Mutterinstinkte scheinen in diesem Fall über Bord geworfen zu werden. Später, in ähnlichen Situationen oder vielleicht sogar bei weiteren Kindern, sieht man die ganze Sache wohl wesentlich lockerer, aber in jenem Moment wusste ich weder dem Kleinen noch mir zu helfen. Schließlich rief ich meinen Mann bei der Arbeit an und fragte ihn um Rat. Er kam sofort vorbeigefahren, weil ihm die aufkeimende Verzweiflung in meiner Stimme völlig unbekannt war. Und was macht der liebe Papa? Er schnappt sich Klein Noah, setzt sich auf den Gymnastikball, der noch von der Schwangerschaftsgymnastik aufgeblasen in der Ecke lag, und begann auf und ab zu hüpfen. Das tat er keine drei Mal und Noah war ruhig und zufrieden. Hüpf, hüpf, hüpf: Noch drei weitere Male und unser kleiner Sohn schlummerte tief und fest auf Papas Arm! Ich übernahm den seelenruhig schlummernden Fratz und legte ihn in seinen Stubenwagen. Papa grinste mich nur stolz an und fuhr wieder zur Arbeit, und auch ich konnte mir ein Schmunzeln nicht verkneifen, als ich während des halben Nachmittags immer wieder auf mein schlafendes Baby blickte.

War es Zufall gewesen, Papas besonders ruhige Art, die Abwechslung, auf dessen Arm zu liegen, oder tatsächlich das Gehüpfe auf dem Ball?

Da Noah an den darauffolgenden Wochen immer ganz normal einschlief und auch sonst nie weinte, dauerte es noch ungefähr vier Monate, bis wir wieder in den Vorzug unseres Balles kamen. Mittlerweile knapp fünf Monate alt, war Noah ein sehr neugieriges Kind, das am liebsten überhaupt nicht mehr schlafen wollte. Es gab einfach zu viele interessante Dinge zu entdecken, sodass Schlafen für den kleinen Mann nicht in Betracht kam. Doch er brauchte den Schlaf, das merkte man ihm deutlich an. Noah wurde mittags gegen zwölf Uhr so müde, dass er selbst nicht mehr wusste, wie er sich drehen und wenden sollte. Kein Spielzeug und keine Aktivität waren ihm dann mehr recht. Doch im Bett ein kleines Nickerchen zu machen, um danach wieder frisch und munter für Neues zu sein, kam nicht infrage. Einige Wochen lang legten wir uns gemeinsam in unser mittlerweile auf drei Meter Breite angewachsenes Familienbett, dunkelten alles ab und versuchten ungefähr eine Stunde lang zur Ruhe zu kommen, was wirklich sehr anstrengend war. Noah wollte nämlich partout nicht liegen bleiben und war unüberhörbar sauer, dass ich das Licht nicht mehr anschalten wollte. Irgendwann schlief er dann jedoch immer ein und schlummerte zwei Stunden lang tief und fest.

Abends hatten wir uns mittlerweile daran gewöhnt, dass er bis 22 Uhr wach blieb, wir versuchten gar nicht erst, ihn vorher hinzulegen, da das nur zwei Stunden Kampf für alle bedeutet hätte. Wir nutzten stattdessen die Abendstunden als intensive Spielzeit zu dritt. Doch eines Tages waren sowohl der Papa als auch die Mama abends um 20 Uhr bereits völlig geschafft und diesmal wirklich unfähig, uns noch sinnvoll mit unserem nach außen putzmunteren Baby zu beschäftigen, das mittlerweile wegen Müdigkeit schon wieder etwas „unpässlich" wurde. Wir saßen fix und fertig auf dem Wohnzimmerteppich, spielten mit letzter Kraft mit den Stoffwürfeln, als unser Blick auf den roten Hüpfball in der Ecke fiel. Ich schnappte mir Ball und Baby und setzte mich der Couch gegenüber mitten ins Wohnzimmer, um mich am Ende jenes Tages noch ein wenig mit meinem Mann unterhalten zu können. Dabei hüpfte ich sanft auf und ab. Nach wenigen Minuten eines entspannenden Gesprächs schaute ich meinem Kleinen ins Gesicht. Er schlief! Das gab es doch nicht! Natürlich, der Ball! Wir legten Noah ins Bett und genossen unseren ersten Abend des Nichtstuns seit Wochen.

Am nächsten Mittag lag der Ball noch parat, als ich merkte, dass sich bei Noah die Müdigkeit breitmachte. Ich setzte mich mit ihm darauf, hüpfte eine Minute – und er schlief. Am Abend dasselbe. Der Papa hüpfte drei Minuten, während ich um 20 Uhr schnell den Abendbrottisch abräumte – und Noah schlief.

Von da an hatten wir unsere Wunderwaffe gegen Schlaflosigkeit gefunden. Bereits beim Setzen auf den Ball entspannte sich Noah dermaßen in unseren Armen, dass er innerhalb weniger Minuten in den Schlaf fallen konnte. Meistens sangen wir ihm beim Hüpfen noch ein schönes Lied vor und oftmals schlief er bereits nach drei Strophen. Wir hüpften von jenem Tag an jeden Tag. Als Noah älter wurde, rollte er von sich aus den Ball zu uns und kletterte begeistert auf unseren Schoß, wenn er müde wurde. Dieses Einschlafritual praktizierten wir ca. zwei Jahre lang. Wir nahmen den Ball mit zu den Großeltern und in den Urlaub. Und obwohl wir uns zwischendurch schon Gedanken gemacht hatten, ob unser Junge jemals fähig sein würde, normal einzuschlafen, oder ob wir irgendwann einen Teenager in den Schlaf hüpfen würden, konnte Noah mit zwei Jahren nach einer Gutenachtgeschichte und ein paar Kuscheleinheiten normal in seinem eigenen Bett einschlafen, sodass wir schon beinahe daran dachten, einen „In-den-Schlaf-hüpf-Ball" als Patent anzumelden. Frei nach dem Motto: Damit schläft jedes Kind garantiert.

Ein paar Monate später belehrte uns unsere neugeborene Tochter Maja eines Besseren. Als sie eines Tages nicht zu beruhigen war, setzten wir uns mit einem breiten Grinsen auf den Hüpfball und sie ... schrie aus Protest wie am Spieß! Wir probierten es noch einige Male, um auch sie von den Vorteilen des Hüpfens zu überzeugen, doch Noahs Vorliebe schien einzigartig gewesen zu sein. Irgendwann ließen wir also die Luft aus unserem geliebten Hüpfball und legten ihn beiseite. Doch da wir im nächsten Jahr noch ein drittes Baby erwarten, liegt er immer griffbereit im Schlafzimmerschrank. Wer weiß ...

PEGGY GÜNTHER

Achterbahnfahrt mit Fynn

Mit der Geburt meines Sohnes Fynn begann eine Achterbahnfahrt der Gefühle mit Freude, Angst, Hoffnung, Erleichterung und viel Glück. Meine Schwangerschaft und auch die Geburt selbst verliefen ohne Probleme, es war alles fast traumhaft schön und niemand rechnete mit einem Tiefschlag. Doch manchmal kommt es anders, als man denkt.

In der Nacht vom 25. zum 26. Juli 2007 war es so weit, mein Sohn Fynn wurde mit 3460 Gramm und 53 Zentimetern geboren. Es war ein Wahnsinnsgefühl – Erschöpfung, Erleichterung und einfach nur Glück, ihn endlich im Arm halten zu können. Die ersten Stunden sind beim gemeinsamen Kuscheln und dem ersten Kennenlernen nur so verflogen. Es war ein unbeschreibliches Gefühl: Dieses kleine Wesen ist mein Sohn und von nun an bin ich Mama. Wow! Nach einiger Erholungszeit wurde Fynn auch dem Kinderarzt vorgestellt, der die U1 vornahm; es passte alles so weit, lediglich eine kleine Unstimmigkeit bei Fynns Herzen wurde festgestellt. Das sollte aber nichts Schlimmes sein, man vermutete ein kleines Loch, das sich in den nächsten Tagen hoffentlich verschließen würde. Es wurde uns gesagt, dass das bei vielen Neugeborenen vorkomme und man es die nächsten Tage weiterhin kontrollieren wolle. Aber erst mal konnten wir die gemeinsame Zeit genießen.

Am zweiten Tag wurde Fynn wieder dem Kinderarzt gezeigt, die Herztöne hatten sich aber noch immer nicht gebessert. Es sollte jedoch erst mal weiterhin bei der Beobachtung bleiben. Wir genossen sehr die erste Zeit und machten uns nicht so sehr die Gedanken um Fynns Herz, es sollte ja nicht so schlimm sein. Im Laufe des Tages bemerkte eine Schwester dann, dass Fynn beim Trinken an Mamas Brust ein leichtes graues Dreieck um den Mund bekam, es war nur ganz leicht, aber man wollte ihn zur Vorsicht noch einmal untersuchen. Das Herzgeräusch blieb weiterhin, und man entschied, wenn sich bis zum nächsten Morgen noch immer nichts gebessert hatte, einen Herzultraschall zu machen, um zu sehen, was es genau war.

Der dritte Tag kam und das Herzgeräusch war beim Abhören noch immer gleich, es hatte sich also nichts gebessert. Der Kinderkardiologe im Krankenhaus

hatte eigentlich Urlaub, aber für die Untersuchung von Fynns Herz war er extra gekommen. Dann ging alles sehr schnell. Dr. Wiese, der Kinderarzt und Kardiologe, musste mir leider mitteilen, dass Fynn einen Fehler in der Herzstruktur hatte. Es brach eine Welt für mich zusammen. Während der ganzen Schwangerschaft hatte ich mich nie mit dem Thema befasst, dass Fynn einen Herzfehler haben könnte.

Wie sollte es jetzt weitergehen? Was passierte mit Fynn? Wie schlimm stand es um ihn? Würde er sterben? Ohne Herz kann man doch nicht leben! Was genau war damit gemeint: „… ein Fehler in der Herzstruktur"? Fragen über Fragen kamen mir in den Sinn, aber ich war nicht dazu in der Lage, auch nur eine zu stellen.

Fynn musste sofort nach München-Großhadern verlegt werden, denn dort konnte man die vielen Untersuchungen für die genaue Diagnose machen. Der Transport war bereits von Dr. Wiese organisiert worden, wir mussten nur auf das Eintreffen des Krankenwagens warten. Es war sofort eine Schwester zur Stelle, die das Gespräch mit dem Arzt mitbekommen hatte. Sie war die ganze Zeit bis zum Eintreffen meines Mannes, den ich natürlich sofort informiert hatte, in meiner Nähe. Es blieben uns noch ein paar Minuten, dann wurde Fynn auch schon geholt. Leider durfte ich nicht mit Fynn fahren, da es nur einen Platz für einen Mitfahrer gab, und es musste eine Schwester dabei sein, da die Sanitäter keine spezielle Ausbildung für Säuglinge hatten. Gleich erklärte sich die Schwester, die mir die ganze Zeit schon zur Seite gestanden hatte, bereit, sich um Fynn zu kümmern. Ich war und bin ihr dafür sehr dankbar. Man veranlasste auch sofort meine Abschlussuntersuchung, sodass ich ebenfalls entlassen werden konnte. Während dieser Untersuchung und des Gesprächs mit dem Frauenarzt stellte ich anhand des Eintrags im Mutterpass fest, dass es sich um einen schweren Herzfehler handelte.

Ich wollte nur noch raus und zu meinem Sohn. Gerade als ich fertig war und meine Sachen packen wollte, kam die frischgebackene Oma, sie wollte ihren Enkel das erste Mal sehen und erfuhr gleich von den Schwestern, dass Fynn verlegt und ich entlassen würde. Wir erzählten ihr schnell, was passiert war, und sie half uns sofort mit dem Packen. Man hatte uns abgeraten, direkt Fynn hinterherzufahren, da man bei ihm erst mal sämtliche Untersuchungen machen und wir dort angeblich nur stören würden. Aber nach einem Telefonat mit meiner Hebamme, bei dem sie uns dazu riet, zu Fynn zu fahren, auch wenn wir „im Weg" stehen würden, so würde doch unser kleiner Mann wissen, dass Mama und Papa da waren, riefen wir gleich auf der Station an, auf der Fynn lag. Der diensthabende Arzt beruhigte uns etwas und sagte, dass es Fynn gut gehe, er zwar auf der Intensivstation liege, aber das nicht zwingend erforderlich wäre, sondern dass er vorerst nur zur Kontrolle dort sei. Er befürwortete auch sofort ein Kommen von uns, egal wie spät, die Tür wäre immer offen, und so könnte er uns auch gleich eine erste Diagnose mitteilen. Uns fiel ein Stein vom Herzen, Fynn ging es gut und wir konnten noch heute zu ihm.

Es war inzwischen später Nachmittag, also schnell die Sachen zusammengepackt und auf nach München. Als wir in der Klinik eintrafen, erklärte uns der Arzt, was sie bisher an Fynns Herzen festgestellt hatten: eine Transposition der großen Arterien (die Vertauschung der Herz- und Lungenschlagader) und eine Fehlbildung der Herzkammern. „Die rechte Herzkammer ist gar nicht oder nur sehr klein vorhanden und beide großen Arterien münden somit in die linke Herzkammer, das heißt, das sauerstoffarme und das sauerstoffreiche Blut vermischen sich jedes Mal aufs Neue in der linken Herzkammer." Aber das alles war vorerst nur unter Vorbehalt, man musste Fynn noch weiter untersuchen, und auch die Chirurgen sowie der Chefarzt mussten ihn sich noch genauer anschauen. Immerhin war das Herz nur so groß wie die eigene Faust, und bei einem Säugling ist das wirklich winzig. Während der Arzt uns dies erklärte, durfte ich unseren Fynn die ganze Zeit bei mir behalten. Es war so schön zu wissen, dass es ihm gut geht und er „nur" zur Beobachtung auf der Intensivstation und an den verschiedenen Geräten angeschlossen war. Er hatte auch einen Zugang an einer Hand gelegt bekommen, aber der war nur für den Notfall, falls es ihm schlechter ging und man unverzüglich handeln musste.

Irgendwann mussten wir Fynn aber allein lassen, er musste schlafen, und ich konnte nicht mit auf der Intensivstation bleiben, aber ich wusste, es ging ihm gut und es wurde sich um ihn gekümmert. Wir fuhren zu meiner Schwester, die in München wohnt und uns eigentlich morgen im Krankenhaus besuchen wollte. Ich hatte ihr schon telefonisch Bescheid gegeben, sodass sie bereits wartete. Wir erzählten ihr gleich alles.

Am nächsten Tag fuhren wir natürlich sofort wieder zu Fynn, meine Schwester kam auch mit und sah ihren Neffen das erste Mal. Von der Kinderärztin erfuhren wir gleich, dass es Fynn gut gehe und wir ihn zum Stillen und Wickeln aus dem Bett nehmen dürften. Da sich Fynn aber nicht zu sehr anstrengen sollte, bekam er auch noch zusätzlich die Flasche, die wir ihm auch geben durften. Zur Beobachtung musste er aber noch weiterhin auf der Intensivstation liegen. Während Fynn schlief, gingen wir in die Cafeteria, um uns ein wenig abzulenken. Wir waren den gesamten Tag bei Fynn und eigentlich konnte ich gar nicht genug von ihm bekommen, aber er brauchte ja seine Ruhe.

Es war Montag, Fynn lag seit zwei Tagen in Großhadern, und eigentlich wollte sich heute der Stationsarzt mit uns hinsetzen, um uns das Problem mit Fynns Herz und den Folgen sowie den weiteren Vorgehensweisen genau zu erklären. Doch es gab bei einem anderen Kind wohl einen kleinen Notfall, sodass der Arzt leider nicht zu dem Gespräch kam und es auf den nächsten Tag verlegt wurde. Ich durfte Fynn aber weiterhin stillen, füttern und wickeln. Aufgrund der leichten Gelbsucht hatte man Fynn zudem unter die Wärmelampe gelegt, damit diese rascher abklang und sein Herz nicht so viel Arbeit hatte. Es tat ihm sehr gut, sodass er sogar am nächsten Tag auf die normale Station verlegt werden konnte. Er war weiterhin an die verschiedenen Geräte angeschlossen, aber es ging ihm gut.

An diesem Tag, dem dritten nach der Aufnahme in Großhadern, fand auch das Gespräch mit Dr. Markus Loeff statt. Wir erfuhren endlich die genaue Diagnose: Der Herzfehler heißt DILV (double inlet left ventricle). Das Hauptproblem war, dass Fynn eine verkümmerte rechte Herzkammer hatte. Die gut ausgebildete Herzkammer war die linke, was die stärkere von beiden ist und sich somit als Pluspunkt herausstellte. Des Weiteren hatte Fynn eine TGA (Transposition der großen Arterien) und eine Pulmonalstenose, eine Verengung zur Lungenschlagader, dadurch herrschte in der Lunge ein niedrigerer Blutdruck als im Körperkreislauf. Das war sehr wichtig für Fynn, da man somit eventuell eine OP in den ersten zwei Lebenswochen vermeiden konnte. Diesen Fehler vermochte man nicht zu korrigieren, aber man konnte ihn umgehen. Es sollten drei OPs, mit viel Glück auch nur zwei stattfinden. Bei diesen OPs würde ein zweiter getrennter Blutkreislauf geschaffen, sodass sich das sauerstoffarme nicht mehr mit dem sauerstoffreichen Blut mischen würde. Nach dem Gelingen aller OPs würde Fynn ein relativ normales Leben führen können.

Es wurde mir inzwischen auch ein Zimmer im Ronald-McDonald-Haus ganz in der Nähe angeboten, doch ich lehnte ab, nachdem ich erfahren hatte, dass ein Papa von einem Kind auch dieses Zimmer brauchte, da er sonst in einem Hotel übernachten müsste. Es gab nur dieses eine freie Zimmer, und so entschied ich mich, weiterhin bei meiner Schwester zu bleiben. Da sie gerade Urlaub hatte, konnte sie mich gut psychisch unterstützen und ein wenig auf mich achtgeben. Mein Mann konnte leider nicht die ganze Zeit bei uns sein, da er gerade eine neue Arbeitsstelle angetreten hatte. So gab ich das freie Zimmer an den Papa, der sehr froh und dankbar dafür war.

Jeden Tag war ich nun bei Fynn, bekam teilweise die Untersuchungen mit, und die Schwestern und Ärzte erzählten auch immer gleich, wie es Fynn ging, welche Untersuchungen gemacht wurden, wie viel er getrunken hatte und ob es positive oder auch negative Veränderungen gab. Während Fynn schlief, war ich oft an der frischen Luft oder in der Cafeteria. Am Wochenende kam auch der Papa wieder und freute sich, unseren kleinen Spatz so fit zu sehen. Im Laufe der nächsten Tage wurde Fynn auf zwei Medikamente eingestellt – Esidrix und Aldactone. Das sind beide Diuretika, die eine erhöhte Wasserausscheidung über die Nieren bewirken und somit das kleine Herz etwas entlasten sollen. Ein paar Tage später bekam Fynn noch ein drittes Medikament, Lenoxin, was ein herzstärkendes Mittel ist und die Pumpkraft des Herzens erhöhen soll. Dieses Medikament wurde aber rasch wieder abgesetzt, da es nicht den gewünschten Erfolg hatte. Ich lernte in den Tagen die Herrichtung der Medikamente und gab sie Fynn auch immer selbst, sofern ich da war, in der Früh bekam er sie meist von den Schwestern.

Inzwischen war Fynn schon zehn Tage in Großhadern und ihm ging es sichtlich gut, aber die Ärzte hatten ein wenig Bedenken, ihn nach Hause zu entlassen, weil es ihm ihrer Meinung nach zu gut ging. Eigentlich war es ja etwas Positives, wenn es Fynn besser ging als erwartet, allerdings hatten die Ärzte etwas Angst, dass er mit seiner Sauerstoffsättigung einbrach; bisher lag sie immer über 93 Prozent, obwohl sie eigentlich bei dieser Art von Herzfehlern unter 90 Prozent liegen müsste. Die Ärzte konnten mich aber auch als eine sehr liebevolle Mama kennenlernen, die sich für die Fehlbildung, den daraus resultierenden Folgen und die Vorgehensweise der Ärzte interessierte und auch alles unternehmen würde, damit es ihrem Sohn gut ging. Sie konnten sehr wohl davon ausgehen, dass auf mich Verlass war, was Fynn betraf.

Genau zwei Wochen war Fynn alt, er lag seit zwölf Tagen in Großhadern, als wir endlich entlassen wurden. Ich hatte noch ein Abschlussgespräch mit einer Ärztin, in der wir noch einmal alle Punkte durchgingen, auf die wir zu Hause besonders achten mussten; dazu zählten die Gesichtsfarbe (grau-blaues Dreieck um den Mund), die Farbe der Hände, vermehrtes Schwitzen und die Atmung. Für die kommende Woche wurde gleich noch ein Termin zur Kontrolluntersuchung gemacht, und nachdem Fynn ein letztes Mal geschallt wurde, durften wir endlich nach Hause fahren.

Die erste Nacht mit Fynn allein zu Hause, was für ein Gefühl! Etwas Angst war auch dabei, aber ich dachte positiv: Die Ärzte hätten Fynn nicht entlassen, wenn sie nicht der Meinung gewesen wären, dass es ihm gut ging. Also genoss ich vielmehr diese erste Nacht. Leider war der Papa gerade auf Dienstreise, aber er kam schon am nächsten Tag nach Hause, so konnten wir erst mal unser Glück zu dritt in vollen Zügen genießen.

Die nächsten Tage und Wochen waren geprägt vom ständigen Aufpassen, wie es Fynn ging, dass er nicht zu viel schrie, denn dadurch lief er blau an, und von Arztbesuchen, aber wir verbrachten auch viel Zeit mit Kuscheln, gingen spazieren und waren einfach nur glücklich. Nach und nach gewöhnten wir uns an seinen Herzfehler und kamen gut damit klar. Ich nahm mir viel Zeit, um mich mit diesem Thema zu befassen. Bei jeder Kontrolle durch die Ärzte wurde mir erklärt, was auf dem Bildschirm zu sehen war, wie Fynns Herz arbeitete, ob sich etwas verändert hatte. Langsam fiel auch seine Sauerstoffsättigung unter 90, und trotzdem ging es ihm noch gut. Ich durfte mit Fynn fast alles machen, was ein gesundes Baby auch darf: spielen, kuscheln, Spaß machen, alles war erlaubt; lediglich von anstrengenden Dingen wie Babyschwimmen rieten uns die Ärzte ab. Man wollte Fynn schonen, damit er sich eine OP ersparen konnte – und so war es auch.

Fynn wurde das erste Mal mit vier Monaten operiert. Er hat diese OP gut überstanden und sich bisher wie ein normales Kind entwickelt. Er ist vorerst medikamentenfrei und man merkt ihm diese schwere OP nicht an. Einzig an den kalten Händen oder den leicht bläulichen Lippen, die er sehr oft hat, kann man erkennen, dass er nicht hundertprozentig gesund ist, doch das sehen Außenstehende nur sehr selten.

Für uns, für unsere Familie und auch für unsere Freunde ist Fynn einfach ein kleiner Sonnenschein, der alle Herzen im Sturm erobert hat. Ich bin sehr froh, dass ich ihn habe, und würde ihn für nichts in der Welt eintauschen, auch nicht für ein gesundes Kind. Fynn ist für uns ein ganz normaler kleiner Junge, der einen Herzfehler hat, der genauso wie seine Nase, seine Augen, seine Hände und seine Füße zu ihm gehört.

REBECCA HABACHER

Viele Male das erste Mal

Neunter Juni, das bedeutete neun lange Monate, die schon vergangen waren … Neun Monate voller Vorfreude, Vorbereitungen und Veränderungen. Es war eine richtige Bilderbuchschwangerschaft gewesen, ohne Übelkeit, Beschwerden oder sonstige Komplikationen. Mein Bäuchlein hatte erst gegen Ende des fünften Monats etwas zu wachsen begonnen und auch der Ultraschall hatte ein gesundes, aber kleines und zartes Baby gezeigt. Doch im letzten Monat war's dann richtig losgegangen: Ich sah aus, als hätte ich einen riesigen Luftballon verschluckt, und auch der Arzt machte mir mit einem Kopfdurchmesser des Babys von über neun Zentimetern wenig Hoffnungen auf eine leichte Geburt!

Drei Tage später, wir saßen gerade beim Abendessen und einem Fußballspiel der Europameisterschaft, kamen die ersten Wehen. Einige Tore und einen Blasensprung später machten mein Mann und ich uns schließlich auf den Weg ins Krankenhaus. Die folgenden Stunden verbrachten wir mit CTG, Pezziball und etlichen Toilettengängen. Da ich mich für eine Wassergeburt entschieden hatte, durfte ich um ein Uhr nachts endlich in die warme Wanne steigen – aaah, super! Doch die Erholung war nur von kurzer Dauer, denn bald begannen schon die Presswehen. Mein Mann hielt zu meiner Linken tapfer die Stellung und ich noch fester seinen Daumen …

Um 3.27 Uhr war es schließlich geschafft.

„Einmal noch fest pressen", ermutigte mich die Hebamme, und nur wenige Sekunden später lag er auf meiner Brust – Marcel Alejandro, mit kräftiger Stimme und kerngesund! Endlich konnte ich sehen, wen ich da monatelang zuvor schon gespürt hatte, und ihn liebevoll umarmen, während der stolze Papa die Nabelschnur durchtrennte. Ich habe oft darüber nachgedacht, wie man dieses Gefühl am besten beschreiben könnte, doch man kann es nicht. Fast den ganzen ersten Tag verbrachten wir drei schweigend, erschöpft und gezeichnet von den Anstrengungen der letzten Nacht, aber vor allem überglücklich!

Was nun folgte, war eine Zeit voller Premieren, die bis heute nicht geendet hat:

55

das erste Mal Stillen, der erste Spaziergang in der Klinik, die ersten Tränen, das erste Lächeln und auch die erste Nacht zu Hause.

Marcel und ich hatten schon im Krankenhaus die Gelegenheit gehabt, uns aneinander zu gewöhnen, und die ersten gemeinsamen Nächte im gleichen Bett verbracht. Am vierten Tag nach der Geburt durften wir endlich mit Papa nach Hause fahren und ich konnte wieder eine Nacht im gewohnten und kuscheligen Bett (jetzt mit zwei Männern) genießen. Auch der kleine Marcel schien sich schnell einzugewöhnen und wachte nur zweimal in unserer ersten Nacht zu Hause auf. Umso erholter fühlte ich mich am nächsten Morgen, als der Wecker meines Mannes klingelte. Dieser jedoch hatte die ganze Nacht lang über uns gewacht und war bei jedem Geräusch und jeder Bewegung munter geworden. Mit müden Augen fragte er mich, ob denn nun jede Nacht so werden würde …

Er konnte sich aber schnell daran gewöhnen, die Angst, unseren kleinen Schatz im Schlaf zu erdrücken, verflog, und mittlerweile schläft er am besten von uns dreien!

Meist wacht Marcel gegen halb sieben Uhr morgens auf, gerade rechtzeitig, um Papa noch in die Arbeit zu verabschieden. Diese Morgenstunden genieße ich dann ganz besonders mit dem Kleinen. Nach circa zweieinhalb Monaten entdeckte er seine Stimme und auch seine zweite Hand, die man prima zur ersten in den dafür viel zu kleinen Mund stecken konnte. So brabbelte und gluckste er jeden Morgen eifrig drauflos, während er mit Händen und Füßen wild strampelte und gestikulierte, um seine Geschichten zu verbildlichen … Ich konnte dann nicht anders, als fasziniert neben ihm zu sitzen und ihn die ganze Zeit anzustrahlen. Jedes Schmunzeln wurde sofort mit einem breiten Lachen von ihm belohnt!

Mit jedem neuen Lernschritt unseres Wonneproppens geht eine große Portion Stolz einher. Als Elternteil hat man dann das Gefühl, es gäbe keine Steigerung mehr, das ultimative Glück sei bereits eingetreten. Doch die Euphorie wird nur immer noch größer, vom ersten zaghaften Blick über das erste Lächeln bis hin zum ersten „Mama" und „Papa"!

Diese Momente sind unbezahlbar – und auch dringend nötig, denn natürlich besteht Babys Alltag nicht nur aus Lachen und Spielen. Ebenso gehören Tränen, Hunger oder Bauchschmerzen zum täglichen Programm. Man muss einfach viele Bonuspunkte in Form eines Lächelns sammeln, um später in den schwierigeren

Stunden davon zehren zu können. Denn so viel ist sicher: Trotz Hunderter Bücher und noch viel mehr gut gemeinter Ratschläge, das Wörterbuch *Baby – Eltern* wurde noch nicht geschrieben … Jede Mutter entwickelt ohnehin rasch einen sechsten Sinn für die Bedürfnisse des eigenen Kindes, doch auch dieser lässt einen manchmal im Stich. Und natürlich immer dann, wenn es gerade am ungünstigsten ist.

So war Marcel zum Beispiel satt und zufrieden, als wir das Haus verließen, um mit dem Bus das Auto aus der Werkstatt zu holen. Keine Frage, dass er aber fünf Minuten später im Bus dann doch Hunger hatte, und dies auch lautstark bekundete. Es ist schon erstaunlich, wie schnell man mit einem weinenden Baby plötzlich im Mittelpunkt des sonst so anonymen Geschehens steht! Wie auch immer, die Brust ist allerorts schnell ausgepackt und der Hunger gestillt.

Schon etwas unangenehmer kann es werden, wenn nicht der Hunger, sondern die Windel das Problem ist: An einem lauen Spätsommerabend beschlossen mein Mann und ich, noch einen kleinen Spaziergang mit Marcel zu machen. Da wir nicht lange ausbleiben wollten, schnappten wir uns nur schnell den Kinderwagen, und los ging's! Nach fünf Minuten Fußmarsch kamen wir bei einem Gastgarten vorbei und sahen, dass es schon den ersten Sturm dieses Jahres gab. Da Marcel ohnehin mit seinem Spielzeug im Kinderwagen höchst beschäftigt war, nahmen wir kurz entschlossen Platz. Es versteht sich fast schon von selbst, dass eben jenes Spielzeug plötzlich vollkommen uninteressant wurde, kaum dass wir saßen. Daher nahm ich ihn zu mir auf den Schoß, wo es viel zu sehen gab! So weit, so gut. Es dauerte jedoch nicht lange, bis sein Gesichtsausdruck sehr ernst wurde. Er fing an, fest zu pressen und zu drücken, und ein verdächtiges Blubbergeräusch später fühlte ich bereits, wie meine Hand an seinem Po ganz warm wurde. Was für die Windel einfach zu viel des Guten gewesen war, suchte sich nun seinen Weg durch die Kleidung nach draußen … Alles halb so schlimm, hätte die umsichtige Mutter Windeln, Waschlappen und Reservekleidung mitgenommen! Aber genau diese Erfahrungen lehrt das Leben und sie lassen einen zumindest im Nachhinein schmunzeln!

Mittlerweile haben wir auch die erste Grippe gemeinsam durchgestanden, die natürlich genau am Tauftag ausbrechen musste. Doch unser kleiner Großer hat dennoch alles mit Bravour gemeistert und die Prozedur tapfer über sich ergehen lassen. Klein darf man ihn ja nicht mehr nennen, denn beim letzten

Wachstumsschub hat er es geschafft, ganze drei Zentimeter in zehn Tagen zu wachsen, und somit eine Kleidungsgröße einfach übersprungen!

Nun sind schon vier Monate vergangen. Marcel beginnt bereits, sich zu drehen, und wir warten auf die ersten Zähnchen. Auch die nächste Impfung steht wieder an, die schon beim ersten Mal einen Tag Fieber und viele Tränen gefordert hat. Doch egal ob lachend oder weinend, ob tagsüber oder nachts, wir sind wahnsinnig stolz auf unseren kleinen Sonnenschein, der uns jeden Tag aufs Neue so viel Glück und Liebe schenkt.

MELANIE KLATTE

Aus Tim wurde Tina

Mitten in der Nacht stand sie im Kinderzimmer vor dem Kinderbett. Sie glaubte, etwas gehört zu haben. Aber nun herrschte eine friedliche Stille im Haus. Sie musste sich geirrt haben. Im Mondschein betrachtete sie das schlafende Baby. Es sah so aus, als ob es wusste, wie sehr es beschützt und geliebt wurde. Dann beugte sie sich über das Bettchen und eine Freudenträne lief ihr über das Gesicht. Liebevoll streichelte sie das winzige Köpfchen und flüsterte dabei leise voller Stolz: „Unser Mädchen!"

Sie blickte in der Zeit ein paar Monate zurück und dachte an den Tag, an dem der Frauenarzt ihr und ihrem Mann hundertprozentig versichert hatte, dass sie einen Jungen bekämen. Sie hatten sich einen kleinen Jungen gewünscht.

Von diesem Zeitpunkt an begannen sie, den kleinen Bauchbewohner mit Tim anzureden. Tim war während der Schwangerschaft ein sehr aktives Kerlchen. Seine starken Tritte ließen vermuten, dass ihm eine glänzende Fußballerkarriere bevorstand. Sie und ihr Mann begannen, gemeinsam das Kinderzimmer herzurichten und alles für die Erstausstattung einzukaufen, was man für einen kleinen Jungen benötigte. Alles sollte für Tim perfekt sein, wenn er das Licht der Welt erblickte und bei ihnen einzog. Das Geschlecht des Babys verrieten sie auch allen Verwandten und Freunden. Jeder durfte erfahren, dass sie einen Sohn erwarteten.

Einen Zeitsprung weiter sah sie sich im Kreißsaal mit ihrem Mann an ihrer Seite.

Er sagte zu ihr: „Du kannst aufhören zu pressen! Tim ist da!"

Die Hebamme und der Arzt blickten ihn erstaunt an und meinten: „Da fehlt aber etwas Entscheidendes."

Verängstigt und voller negativer Vorahnungen schaute er auf das Baby, das die Hebamme hochhielt. Beim Anblick des Babys aber fasste er sich in Sekundenschnelle und rief erleichtert voller Freude aus: „Hallo, Tina, schön, dass du da bist!"

Damit war das Staunen aufseiten der Hebamme und des Arztes. Ungläubig schauten beide auf die frischgebackenen Eltern und das kleine Mädchen. Wie

konnten die Eltern die ganze Zeit über mit einem Jungen gerechnet haben und dann aber doch sofort einen Mädchennamen parat haben?

Sie dachte an diesen Moment nach der Geburt zurück, in dem tausend Gedanken während einer hundertstel Sekunde durch ihren Kopf schwirrten: Wie wird ihr Mann auf das unverhoffte Mädchen reagieren? Hoffentlich ist er nicht enttäuscht! Er hatte sich doch so auf einen Jungen gefreut! Ist das eingerichtete Kinderzimmer auch passend für ein Mädchen? Kann ein Mädchen auch die ganze gekaufte Jungenkleidung tragen? Wie werden die Verwandten und Freunde auf diese neue Situation reagieren? Ist ein Mädchen genauso viel wert wie ein Junge oder wird die Freude der anderen nun geringer ausfallen? Besteht diese Wertvorstellung vom Geschlecht heute eigentlich noch immer oder warum muss sie gerade an so etwas denken? Kann sie ein Mädchen genauso lieben wie den gewünschten Jungen?

Der Tag der Krankenhausentlassung kam ihr in den Sinn. Die Ärztin fragte sie bei der Abschlussuntersuchung ungläubig, ob sie und ihr Mann es wirklich nicht gewusst hätten, dass sie ein Mädchen bekämen. Diese Geschichte machte im ganzen Krankenhaus die Runde. Die berühmte Verschwiegenheit der im Kreißsaal anwesenden Hebammen war wohl in diesem speziellen Fall außer Kraft gesetzt worden. In der heutigen Zeit könnten die Ärzte sich doch nicht so irren bei der Geschlechtsbestimmung. Der Einsatz modernster Techniken erlaube doch eine genauere Diagnostik als noch vor ein paar Jahren.

Dann stellte ihr die Ärztin eine Frage, die ihr zeigte, wo sie im Leben steht: „Möchten Sie Ihr Mädchen gegen einen Jungen eintauschen?"

Noch bevor die Ärztin die Frage komplett ausgesprochen hatte, kam die Antwort wie aus der Pistole geschossen: „Nein! Auf gar keinen Fall!" Dieses kleine Mädchen hatte ihr Herz beim ersten Anblick sofort erobert. Sie konnte sich gar nicht mehr vorstellen, dass sie und ihr Mann sich irgendwann einmal einen Jungen gewünscht hatten. Für nichts auf der Welt würde sie „ihr Mädchen" jemals hergeben!

Sie fragte nie ihren Mann, ob es für ihn ein Problem sei, dass sie nun ein Mädchen hatten anstatt des über 20 Wochen ersehnten Jungen. In den Minuten nach der Geburt sah sie die Freudentränen in den Augen ihres Mannes. Die Art, wie er Tina anschaute, sprach für sich und konnte nicht durch einfache Worte beschrieben werden. Dieses kleine Mädchen hatte auch sofort sein Herz für sich gewonnen und war für ihn durch keinen Jungen zu ersetzen. Vielleicht gab es Dinge, die er mit seinem Sohn machen wollte. Aber es gab vielleicht noch viel mehr Dinge, die er mit seiner Tochter machen konnte, wie beispielsweise das gemeinsame Füttern ihrer Kuscheltiere und Puppen.

Lächelnd wendete sie sich vom Kinderbettchen ab und schlich leise zurück ins Schlafzimmer. Bis zur Dämmerung konnte sie noch einige Stunden schlafen. Sie kuschelte sich an ihren tief schlafenden Mann und schloss glücklich die Augen.

Diese beiden Menschen waren das Beste, was ihr im Leben passieren konnte. Sie würde alles für ihre Lieben tun.

Einen irritierenden Beigeschmack hinterließen aber all die Gedanken in ihr: Existierte in unserer Gesellschaft tatsächlich noch die Wertvorstellung, dass Jungen mehr wert sind als Mädchen?

SUSANNE KLEMENT

Mein Schutzengel

Dies ist meine Geschichte, wie meine Schwangerschaft und somit Jesse zu meinem Schutzengel wurde.

Es war an einer Familienfeier, als mein Mann und ich uns entschieden, ein zweites Kind zu bekommen. Warum ausgerechnet dort, weiß ich nicht genau. Wir wollten nach Florian eigentlich kein Kind mehr. Florian war bereits zweieinhalb Jahre alt. Nicht, dass Florian uns keine Freude gemacht hätte, ganz im Gegenteil; nein, wir waren bei seiner Geburt noch relativ jung und wollten beide trotz Kind beruflich weiterkommen. Dass die Entscheidung, ein zweites Kind zu bekommen, der wohl größte Schicksalsschlag in meinem Leben sein sollte, ahnte ich zu diesem Zeitpunkt nicht.

Am nächsten Tag nahm ich die Pille nicht mehr, ich setzte sie einfach ab. Ich erstellte einen Zyklusplan, um die fruchtbaren Tage zu ermitteln. Mein Mann und ich waren sehr aufgeregt und gespannt, wie lange es wohl dauern würde, bis der Schwangerschaftstest positiv ausfiel. Der erste Zyklus verging. Mir war bewusst, dass die Chance gering war, gleich nach dem ersten Zyklus schwanger zu werden, aber trotzdem machten wir uns Hoffnungen. Wie es kommen sollte, war der Test negativ.

Ich zerschmetterte die Hoffnung, schnell schwanger zu werden, legte aber auch nach dem zweiten Zyklus wieder große Hoffnung in einen positiven Schwangerschaftstest. Wir hielten uns an die fruchtbaren Tage, die mein Zyklusblatt zeigte. Die Wochen vergingen wie Monate, und ich wartete auf den Tag, an dem eigentlich meine Periode einsetzen sollte. Ich war gespannt, aufgeregt und verunsichert. Die Blutung blieb aus. Ich dachte, dass ich mir alles einbildete, da ich so sehr auf eine Schwangerschaft hoffte. Ich kaufte in einer Drogerie einen Test: negativ. Ich wartete drei Tage und kaufte mir einen neuen Test. Aber auch dieser fiel wieder negativ aus. Ich war so enttäuscht, bildete mir ein, dass meine Periode wegen der abgesetzten Pille nicht regelmäßig kam und deshalb die Blutung ausblieb. Ich wollte eigentlich schon gar keinen Test mehr machen, aber mein Mann kaufte in der Apotheke einen Schwangerschaftstest. Er brachte ihn abends mit, und ich wartete bis zum nächsten Morgen, da zu dieser Uhrzeit eine Schwangerschaft am sichersten festgestellt werden kann.

Ich ging mit kalten Händen zur Toilette. Ich war alleine zu Hause und ich machte den Test. Die Sekunden erschienen mir wie Minuten, ich wusste gar nicht, was ich denken sollte. Es tat sich aber nichts … wieder nichts, wie ich dachte, und in mir kroch die Enttäuschung hoch. Ich schaute noch einmal auf den Test und sah auf einmal einen blauen Strich auftauchen. Er war ganz zart, ich war verunsichert, wusste nicht genau, bedeutete das schwanger oder nicht. Aber irgendwas in mir sagte: JA, du bist schwanger. Ich war so glücklich. Ich rief sofort meinen Mann auf der Arbeit an. Er wusste gar nicht, was ich von ihm wollte (nicht, dass er am Vortag den Schwangerschaftstest gekauft hatte), und ich sagte ihm, dass er wieder Papa würde. Wir freuten uns gemeinsam am Telefon.

Ich rief bei meiner Frauenärztin an, um gleich einen Termin zu vereinbaren. Zum Glück bekam ich relativ schnell einen Untersuchungstermin.

Endlich war der Tag der Untersuchung da. Leider musste ich alleine hingehen, da mein Mann nicht freibekommen hatte. Aber mir war das in dem Moment nicht so wichtig. Ich wollte einfach nur schwarz auf weiß sehen, dass ich wirklich schwanger bin, obwohl ich es innerlich wusste. Der Ultraschall brachte nun die Wahrheit, zu sehen war ein kleiner schwarzer Punkt, der Fruchtsack, wie meine Frauenärztin mich aufklärte, und sie gratulierte mir zur Schwangerschaft. Ich freute mich so sehr und fuhr sofort mit dem ersten Ultraschallbild in der Hand zu meinem Mann zur Arbeit.

Die Wochen vergingen, bis endlich der nächste Vorsorgetermin anstand. Ich freute mich auf den Termin, endlich den Fötus auf dem Ultraschallbild zu sehen. Und da war er auch, sah aus wie eine kleine Erdnuss. Ein unbeschreibliches Gefühl. Nebenbei diagnostizierte meine Frauenärztin eine Zyste am linken Eierstock, sollte aber nichts Ungewöhnliches in einer Schwangerschaft sein.

Die Wochen und Monate der Schwangerschaft vergingen ohne Probleme. Zum Schluss plagten mich eine Symphysenlockerung und die 15 Kilogramm mehr, die ich mit mir rumschleppte. Der Entbindungstermin stand an, aber wie in den wohl meisten Fällen tat sich auch bei mir nichts. Ich hatte wie bei der ersten Schwangerschaft riesige Angst vor der Geburt. Es kam der elfte Tag nach meinem eigentlichen Entbindungstermin, als sich mein Baby dann doch dazu entschied, aus meinem Bauch herauszuwollen. Es war sehr heißes Wetter, das Thermometer draußen zeigte 34 Grad an. Es gewitterte und die Hitze machte mir und auch meinem Mann sehr zu schaffen. Ich war bereits müde und kaputt, denn ich hatte seit zwei Tagen Wehen. Dann endlich am dritten Tag kam Jesse im Juli 2006 morgens oder eher nachts um 1 Uhr zur Welt. Mein Mann begleitete mich auch bei dieser Geburt. Wir waren beide total kaputt und müde, wir weinten, als wir dieses kleine, zerbrechliche Wesen im Arm hielten. Es war mein kleiner Engel.

Gezwungenermaßen ging es am nächsten Tag wieder nach Hause. Im Krankenhaus streikte das Personal, und es wurden nur die nötigsten Untersuchungen durchgeführt. Dass ich so schnell wieder zu Hause sein würde, hätte ich nie gedacht, und so überkam mich ein Weinkrampf, als ich zu Hause im Kinderzimmer stand und Jesse dort seelenruhig im Bett schlief. Es war in dem Moment einfach alles zu viel. Die lange Zeit mit den Wehen, die Hitze, der Streik, einfach alles. Ich weinte eine halbe Stunde lang, und danach ging es mir besser. Endlich war die Angst vor der Geburt von mir abgefallen, aber auch, ob Jesse gesund zur Welt kommen würde.

Jesse war ein sehr aktives und mitteilungsbedürftiges Baby. Er schrie Tag und Nacht. Wir wussten gar nicht, warum, und ich holte mir eine Hebamme zur Hilfe. Wir probierten alles Mögliche aus: Flugzeug fliegen, Kirschkernkissen, Bauchmassage, aber nichts half. Jesse plagte sich mit Blähungen und Erkältungen rum. So vergingen unsere ersten Monate. Nun stand auch die Abschlussuntersuchung bei meiner Frauenärztin an. Stolz nahm ich Jesse mit in die Praxis.

Meine Frauenärztin machte wieder einen Ultraschall, dort war noch immer die Zyste zu sehen, die sie bereits am Anfang der Schwangerschaft am linken Eierstock diagnostiziert hatte. Die Zyste hatte an Größe zugenommen, anstatt kleiner zu werden. Meine Frauenärztin legte mir nahe, die Zyste entfernen zu lassen, da sie bereits einen Durchmesser von fünf Zentimetern hatte. Sie sagte mir noch, dass ich mir dafür ein halbes Jahr Zeit lassen könnte. Ich ließ mir drei Monate Zeit dafür.

In der Zwischenzeit hatte Jesse nicht aufgehört mit Schreien. Wir dachten, das würde nie mehr aufhören. Wir fanden tagsüber nicht zur Ruhe und nachts auch nicht. So anstrengend hatten wir uns das nicht vorgestellt. Florian war ein ganz anderes Baby gewesen, von ihm waren wir verwöhnt worden. Jesse war ein sehr dickköpfiges Baby, wollte schon Dinge ausprobieren, für die er noch viel zu klein war. Sitzen, laufen, stehen. In Ruhe liegen war für ihn eine Qual. Aus diesem

Grund waren wir viel mit ihm draußen unterwegs. Er schaute sich vergnügt seine Umwelt an, die Autos, die Kinder, die Bäume – alles sog er in sich auf. Das spürten wir richtig.

Nebenher näherte sich der OP-Termin. Mich plagten Ängste vor der Narkose und Spritzen, wäre am liebsten gar nicht hingegangen. Des Weiteren hatten mein Mann und ich uns in der Zwischenzeit dazu entschieden, keine Kinder mehr zu bekommen. Ich wollte die Zystenentfernung mit einer Sterilisation verbinden. Das hielt auch die Kosten für die Sterilisation im Rahmen. Nach einem ausführlichen Gespräch mit dem leitenden Arzt im Krankenhaus wurde die Zyste unter Vollnarkose entfernt und die Sterilisation durchgeführt. Da ich mich ambulant behandeln ließ, konnte ich bereits am späten Nachmittag das Krankenhaus mit drei kleinen Nähten verlassen.

Überglücklich kam ich wieder zu Hause an. Die OP und die Narkose ohne Probleme überstanden, wieder bei meinen Jungs zu Hause. Ich musste nur noch nach knapp zwei Wochen zum Fädenziehen.

Es war ein schöner Tag, die Sonne schien, und ich war froh, dass endlich die Fäden gezogen würden und ich dann wieder voll in meinen Alltag gehen konnte. Meine Mutter kam mit mir, da ich auch vor dem Fädenziehen Angst hatte. Ich betrat die Arztpraxis, und mich empfing die Arzthelferin mit den Worten, dass ich ein weiteres Mal ins Krankenhaus müsste. Ich dachte im ersten Augenblick, dass der Eierstock vielleicht doch so verwachsen wäre, dass er komplett herausoperiert werden müsste. Doch fast im gleichen Atemzug sagte mir die Arzthelferin, dass heute die Befunde von meiner Zyste reingekommen wären und ich aufgrund dessen noch mal operiert werden müsste. So wurde ich dann erst mal ins Wartezimmer entlassen.

Mit kalten Händen, Tränen in den Augen, setzte ich mich neben meine Mutter ins Wartezimmer. Meine Mutter wusste gar nicht, was los war, und fragte mich aus. Ich selber wusste auch nichts Genaues, hatte aber eine böse Vorahnung. Ich wollte eigentlich nur noch in das Behandlungszimmer und wissen, was los war. Aber zuerst wurde ich in ein kleines Behandlungszimmer geführt, wo mir erst mal die Fäden gezogen wurden. Ich lag dort, weinte, und aus Verzweiflung fragte ich die Arzthelferin noch mal, was denn los sei. Aber sie durfte mir keine Auskunft geben. Das Fädenziehen kam mir vor wie Stunden. Ich wollte einfach nur noch zur Ärztin.

Endlich hatte die Prozedur ein Ende und ich musste vor dem Behandlungszimmer meiner Frauenärztin Platz nehmen. Wir warteten, wieder Minuten, die zu Stunden wurden. Ich weinte nur, lag bei meiner Mutter in den Armen. Ich verstand einfach nicht, dass ich vor einer halben Stunde noch glücklich und ohne Sorgen diese Praxis betreten hatte und jetzt die Welt für mich zusammenzubrechen drohte. Ich wollte die böse Vorahnung nicht zulassen, konnte es aber nicht. Ich dachte nur noch, ich müsse sterben. Ich dachte an meine Kinder, an meinen Mann, dass ich meine Kinder nie aufwachsen sehen würde. Ich malte mir alle schrecklichen Bilder aus. Bis ich dann endlich dran war. Ich setzte mich mit total verheultem Gesicht vor meine Ärztin und sie fing leise an zu sprechen. Ich hörte die Begriffe Tumor und bösartig, und es zog mir den Boden unter den Füßen weg. Ich war doch erst sechsundzwanzig, ich saß auf einmal dort, konnte nicht fassen, was ich dort hörte, und konnte nicht mal mehr weinen. Meine Mutter fing an zu weinen, und ich versuchte, sie zu beruhigen.

Meine Frauenärztin erklärte mir alles noch mal in aller Ruhe. Die Zyste hatte sich als Tumor entpuppt, als Borderlinetumor. Es waren bösartige Zellen vorhanden, aber diese waren noch verkapselt, deshalb der Begriff Borderline (grenzwertig). Meine Frauenärztin erklärte mir, dass ich in drei Tagen ins Krankenhaus müsse, um beide Eierstöcke entfernen zu lassen sowie die Gebärmutter, auch bekannt als Total-OP. Die Sterilisation wurde damit zur Farce. Meine Frauenärztin versuchte, mich zu beruhigen, und bat mich, die OP abzuwarten, ob die Zellen alle noch verkapselt seien. Ich fuhr nach Hause. Ich weiß heute nicht mehr, was ich gesprochen habe, ob ich überhaupt gesprochen habe. Ich sah mir die Menschen an, die Autos, Bäume, Sträucher, so habe ich noch nie in meinem Leben empfunden. Alles erscheint dir so wunderschön, Probleme, die ich vorher hatte, als sehr klein. Gleichzeitig war ich so wütend, dass alles so weiterläuft wie immer. Die Straßenbahn fährt, die Leute gehen zur Arbeit, nur bei mir war nichts wie immer. Ja, ich hatte Wut auf alle Leute, die ohne Angst ihr Leben leben konnten. Solche Gefühle kannte ich nicht, ich gönne Menschen ihr Glück, aber in diesem Moment war ich einfach wütend über alles und jeden.

Zu Hause fiel ich meinem Mann in die Arme, konnte nicht weinen, obwohl ich es eigentlich wollte, aber es ging nicht. Mein Mann hielt mich einfach fest, und plötzlich überkam mich wieder diese Angst. Angst, sterben zu müssen.

Es galt nun, mich für die OP vorzubereiten. Vor meinen Jungs versuchte ich, mich so normal wie möglich zu verhalten. Sie sollten nicht merken, was mit mir los war. Noch zu Hause musste ich mit der Darmentleerung beginnen. Am nächsten Tag musste ich im Krankenhaus die Voruntersuchungen über mich ergehen lassen. Die Oberärzte gaben mir eine positive Prognose. Aber ich wollte das nicht glauben. Ich dachte, dass die mich nur beruhigen wollten und mir nicht die Wahrheit sagten.

Am letzten Tag vor der OP zu Hause setzte ich mich abends in den warmen Sommerabend. Ich genoss die Luft und die Ruhe und die Nähe zu meinem Mann.

Am nächsten Tag musste ich ins Krankenhaus. Die letzten Vorsorgeuntersuchungen standen an und die OP-Vorbereitung. Mit dabei war immer die Angst. Ich bezog mein Zimmer, die Krankenschwestern waren alle sehr nett zu mir. Was mir zu dem Zeitpunkt am meisten zu schaffen machte, war das Trinken eines ekelhaften, nach Vanille riechenden Wassers, das mir bei der Darmentleerung geholfen hatte. Nie wieder möchte ich dieses Wasser trinken müssen. Am Abend kam der Anästhesist bei mir vorbei. Er erklärte mir, dass ich zusätzlich zur Vollnarkose noch eine PDA bekäme, damit ich nach der OP nicht zu große Schmerzen hätte. Auch wenn mir nicht danach war, der Anästhesist war so lustig, ich habe Tränen gelacht.

Ich war die Erste am nächsten Morgen. Es war 7 Uhr, mein Mann war extra noch mal ins Krankenhaus gekommen, um mich noch mal zu sehen. Und es war das erste Mal seit Langem, dass ich meinen Mann habe weinen sehen. Wir nahmen uns in die Arme, ich wollte gar nicht weg. Ich zog mir die nette Krankenhausbekleidung an und die Thrombosestrümpfe. Dann hieß es Abschied nehmen. Von meiner Mutter und meinem Mann. Den ganzen Weg in den OP-Bereich liefen mir die Tränen. Noch nie hatte ich eine solche Angst verspürt. Im OP-Bereich erwartete mich der lustige Anästhesist. Wieder brachte er mich zum Lachen, mit dabei ein Helfer, der in meinem Alter war. Sie legten die PDA an und kurz darauf fiel ich in einen tiefen Schlaf.

Nach vier Stunden wachte ich aus der Narkose auf. Ich bekam mit, wie die Helfer mich aufs Bett hoben (und ich bin nicht gerade leicht). Ich wurde wacher und wacher und in den Aufwachraum geschoben. Dort musste ich mich mehrmals übergeben, ich hatte einen Schlauch im Hals, der so unangenehm war. Nach einer Weile dort wurde ich wieder auf mein Zimmer gebracht, wo meine Mutter schon auf mich wartete.

Erst nach und nach bekam ich mit, dass ich die OP überstanden hatte. Meine Mutter rief meinen Mann bei der Arbeit an und hielt mir den Hörer ans Ohr. Ich konnte schon wieder gut sprechen, ich fühlte mich nur sehr müde. Mir war im Vorfeld gar nicht bewusst, was alles an mir dranhängen würde, wenn ich wach wurde. Ich war sehr erschrocken, da war der Schlauch im Hals, der Sauerstoff in der Nase, Katheter und ein weiterer Schlauch, der das Blut aus dem Bauchraum auffing. Am unangenehmsten war jedoch der Zugang an der Hauptschlagader am Hals. Mein ältester Sohn hat sich nicht in meine Nähe getraut.

Am nächsten Tag durfte ich mich bereits hinsetzen und die PDA machte sich auf jeden Fall bezahlt. Ich konnte in Ruhe schlafen, war schmerzfrei. Die Krankenschwester half mir morgens beim Waschen. Es war mir sehr unangenehm. Beim ersten Waschen sah ich das erste Mal die Narbe, die sich senkrecht vom Rippenbogen bis zum Schambein über meinen gesamten Bauch zog. Es war nicht schön, aber diese Narbe gehört jetzt für den Rest meines Lebens zu mir, und sie wird mich für immer daran erinnern. Schon am zweiten Tag war ich aufgestanden und gelaufen. Es war zwar sehr schmerzhaft, aber ich wollte das unbedingt schaffen. Am dritten Tag konnte ich schon wieder alles alleine. Waschen, auf Toilette gehen, nur duschen durfte ich eine Woche lang nicht (das wünsche ich mir auch nie wieder).

Aber immer noch begleitete mich die Angst. Während der OP waren aus dem gesamten Bauchraum Proben genommen worden. Ich musste nun auf die Befunde warten. Ich fiel oft in ein Loch, heulte nur, weil ich so verzweifelt und so machtlos war. Ich wusste nicht, was mich erwarten würde, ob ich doch noch in die Chemo müsste oder im Bauchraum Metastasen gefunden wurden.

Mir ging es von Tag zu Tag besser, ich wartete jeden Tag auf die Visite in der Hoffnung, endlich die Befunde zu bekommen. Es vergingen acht Tage voller Angst, dann kam der Stationsarzt und sagte mir die erlösenden Worte, dass nichts mehr gefunden worden und für mich der Weg hier zu Ende sei. Ich kann gar nicht in Worte fassen, wie ich mich gefühlt habe. Diesen Tag feiere ich heute als zweiten Geburtstag.

Drei Tage später durfte ich das Krankenhaus verlassen. Die Fahrt nach Hause habe ich sehr genossen. Ich sah mir die blühenden Bäume an, die Menschen, alles erschien mir so anders, bewusster. Es folgten acht Wochen, in denen ich auf Hilfe angewiesen war. Ich durfte nicht schwer heben oder viel herumlaufen. Ich musste mich schonen. Es war ein so schönes Gefühl, wieder in den Alltag zu finden, wieder in ein normales Leben zurück.

Wir feierten Jesses ersten Geburtstag, und ich schenkte ihm ein Buch über einen Schutzengel, in dem ich seinen Weg ins Leben beschreibe. Jesse und mich verbindet etwas ganz Besonderes, und ich möchte mir das durch das Buch erhalten.

Wer weiß, ob ich heute diese Geschichte hätte schreiben können, wenn ich nicht schwanger geworden wäre.

ISABEL KLINGLER

Der Vierte im Bunde

Es ist immer wieder ein Wunder! Ein kleiner Mensch wächst im Bauch seiner Mutter heran. Wenn er einmal das Licht der Welt erblickt, ändern sich tausend Kleinigkeiten im Leben seiner Liebsten. Für jedes Familienmitglied eröffnen sich neue Horizonte, ergeben sich neue Herausforderungen und Sichtweisen. Ein spannender Lebensabschnitt, der von einem noch winzigen, zarten Wesen beeinflusst wird.

An meinen kleinen Bruder:

Es war komisch, als ich Mamas Bauch wachsen sah. Ich wusste nicht, warum er es tat, und noch weniger verstand ich, warum ich plötzlich so vorsichtig sein musste, wenn ich mit Mama toben wollte. Sie erzählte mir, dass ein Baby in ihrem Bauch wächst und dass ich bald eine große Schwester sein würde – das fand ich toll. Ich küsste und streichelte dich von nun an jeden Tag.

Ich konnte es kaum erwarten, dass du endlich aus dem Bauch kamst – es dauerte ja so unendlich lang. Aber eines Morgens wurde ich von Oma geweckt. Sie erzählte mir, dass Mama und Papa im Krankenhaus seien, weil du endlich aus dem Bauch möchtest. Gleich wollte ich ihr erzählen, dass du jetzt da seist und Noah heißen würdest. Aber Oma und Opa haben mich nicht verstanden, vielleicht waren sie auch einfach nur zu aufgeregt. Ich wusste es die ganze Zeit, aber ich durfte es nicht verraten. An diesem Tag durfte ich zu Hause bleiben und wartete ganz gespannt, bis Papa nach Hause kam. Er brachte ein tolles Foto von dir mit, das ich gar nicht wieder hergeben wollte.

Am Nachmittag durfte ich mit Papa zu dir ins Krankenhaus, endlich konnte ich dich, meinen kleinen Bruder, wirklich sehen. Ich hatte dich gleich schrecklich lieb! Aber warum musstest du mit Mama noch dort bleiben? Du warst doch jetzt da und ich wollte dich und Mama wieder mit nach Hause nehmen. Drei lange Tage musste ich noch warten, aber ich durfte dich besuchen kommen und dir tolle Dinge mitbringen.

Nun bist du schon fünf Monate, schläfst nicht mehr so viel, kannst dich auf dem Bauch drehen, und ich kann nun besser mit dir spielen. Manchmal verstehe ich nicht, warum ich nicht mit dir tollen kann, so doll ich will. Mama und Papa schimpfen manchmal, ich soll nicht so wild sein, sonst tue ich dir weh. Aber meistens lachst du mich an, wenn ich dich sehe, und dann drücke ich dich und gebe dir einen Kuss. Leider willst du nicht immer mit mir spielen, manchmal schreist du auch ganz furchtbar laut. Und dann hörst du gar nicht wieder auf damit. Mama sagt, dann tue dir der Bauch weh oder du hättest Hunger. Ich finde es gemein, wenn du mich nachts deshalb wecken musst, du kannst doch auch leise die Mama rufen! Aber alle sagen, du seist noch klein und das würdest du noch lernen. Ich bin doch auch noch klein und kann das schon! Mama sagt, bald, wenn du größer wärest, könne ich mit dir im Garten spielen. Wenn der Winter vorbei ist und es wieder warm wird, dann kannst du laufen, und ich kann dir die tollen Dinge draußen zeigen. Dann können wir Ball spielen und du darfst mit mir auf die Schaukel und rutschen! Dann kannst du sicher auch bald meinen Namen sagen, mich rufen. Darauf freue ich mich riesig. Dann, wenn es warm wird, wirst du ein Jahr alt, und ich bin dann deine große, fast dreijährige Schwester! Ich hab dich lieb!

Deine Helen

Lieber Noah!

Wir haben vor Kurzem Helens ersten Geburtstag gefeiert. Als wir aus dem Sommerurlaub zurückkamen, hatte ich dieses komische Gefühl. Als ich beim Arzt war und dich das erste Mal auf dem Ultraschall sehen konnte, war ich überglücklich. Auch dein Papa freute sich wahnsinnig über diese Neuigkeit. Ich genoss die Schwangerschaft sehr, war aber auch ein bisschen unsicher, wie es mit zwei kleinen Kindern werden würde. Ich hatte schon in der Schwangerschaft weniger Zeit für dich, wie würde es werden, wenn du erst da bist? Wie würde Helen dich aufnehmen? ... Viele Fragen schwebten in meinem Kopf. Eigentlich bin ich nicht der Typ Mensch, der sich viele Sorgen macht, sondern die Dinge auf sich zukommen lässt. Doch zu viele Personen in unserem Umfeld sprachen mich immer wieder darauf an, wie wir es denn mit zwei so kleinen Kindern schaffen würden. Zu viele Geschichten kamen einem zu Ohren, manchmal auch absolutes Unverständnis. Schließlich habe ich mein Studium noch nicht beendet, dein Papa ist im zweiten Referendariatsjahr. Viele argumentierten, dass wir erst Anfang zwanzig seien und noch so viel Zeit für Kinder hätten. Wir sagten uns immer wieder, es ist unser Lebensplan, wir werden dieses Leben führen, nicht die anderen! Doch obwohl wir genaue Vorstellungen davon hatten, wie unser Familienleben mit zwei Kindern aussehen soll, stellten sich auch bei mir diese kurzen Momente des Zweifels ein.

Schnell war der Tag deiner Geburt da. Du hast uns fast ein wenig überrumpelt, denn du wolltest im Eiltempo auf die Welt. Dann lagst du das erste Mal in meinen Armen, und ich wusste sofort – du bist einzigartig! Helen hat dich gleich bei ihrem ersten Besuch liebevoll umarmt, und du hast dir all ihre Liebkosungen friedlich gefallen lassen, ja du hast sie genossen. Von diesem Augenblick an waren meine Sorgen verschwunden – ihr würdet euch super verstehen.

Schnell musste ich lernen, wie anstrengend es ist, gleichzeitig deinen und Helens Bedürfnissen gerecht zu werden. Du brauchtest viel Zuwendung, aber auch Helen brauchte noch Hilfe beim Anziehen, Essen und vielen anderen Dingen. Es war nicht immer leicht, das richtige Maß zu finden, schließlich sollte deine Schwester nicht eifersüchtig auf dich werden. Doch du bist ein sehr geduldiger Mensch, hast immer friedlich gespielt, wenn Helen meine ganze Aufmerksamkeit brauchte. Ich habe es dann umso mehr genossen, wenn ich die Vormittage, während Helen in der Kindertagesstätte war, voll und ganz mit dir verbringen durfte. Dann hast du deine Kuscheleinheiten bekommen. Ich glaube, als zweites Kind hat man es doch etwas schwerer. Aber auch Mama hat es da etwas schwerer. Ich muss jede Nacht aufstehen, um deinen Hunger zu stillen. Manchmal sogar mehrmals. In Zeiten, als deine Schwester krank war, habe ich mir so manche Nächte um die Ohren geschlagen mit euch beiden. Aber die Müdigkeit scheint wie weggeblasen, wenn ich dich dann ansehe. Wie du wieder gewachsen bist, was du Neues kannst und wie wunderschön du mich anlächeln kannst.

Nachdem du zwei Monate auf der Welt warst, ereilte unsere Familie eine Hiobsbotschaft. Dein Opa bekam die Diagnose Krebs. Von einem Tag auf den anderen änderte sich alles. Fünf Jahre lange hatte er in der Schweiz gearbeitet, kam nur alle zwei Wochen übers Wochenende nach Hause. Es war sehr schade, dass ihr euren Opa so wenig sehen konntet. Die Ärzte redeten von zu vielen Metastasen im ganzen Körper, sie könnten nicht operieren, man könne lediglich eine Chemotherapie versuchen. Bereits sein Vater war an Krebs verstorben, ungefähr im selben Alter, wie er es zum Zeitpunkt der Diagnose war. Hoffnungslosigkeit machte sich breit. Ich beschloss, fast täglich mit euch zu ihm zu gehen. Eure kindliche Unbeschwertheit und gute Laune sollten ihm Hoffnung geben, ihn aufmuntern. Nun kämpft er tapfer seit drei Monaten gegen den Krebs an. Ich bin immer wieder erstaunt, wie sich seine Laune schlagartig verbessert, wenn er mit euch spielen und tollen kann. Wie er lächeln muss, wenn ihr ihm euer schönstes Lächeln schenkt. Der erste Zyklus der Therapie ist nun vorbei, es wurden positive Veränderungen festgestellt. Allerdings weiß kein Arzt, ob er je wieder geheilt werden kann. Ich wünsche mir nichts sehnlicher, als dass er wieder gesund wird. Er ist für mich der beste Vater der Welt, und ich weiß, dass er für euch der liebste Opa ist. Wenn er euch Dinge zeigt, hört ihr ganz gespannt zu. Wenn er euch neckt, könnt ihr euch vor Lachen kaum noch auf den Beinen halten. Ihr gebt so viel Liebe, ich bin überzeugt, ihr seid die beste Therapie für ihn.

Nun bist du fünf Monate alt. Wir haben alle unseren Rhythmus gefunden und sind ein tolles Team. Du kannst dich auf den Bauch drehen und würdest am liebsten schon herumkrabbeln. Dein Sichtfeld erweitert sich von Tag zu Tag, und du genießt die Aufmerksamkeit deiner Schwester, die schon jetzt versucht, dir ihre ganze Welt zu erklären! Wenn ich euch dabei so ansehe, bin ich mir so sicher, alles richtig gemacht zu haben. Ein Leben ohne euch ist unvorstellbar. Man nimmt gern den Stress des Alltags hin. Euer Papa schlägt sich so manche Nacht um die Ohren, um seine Unterrichtsvorbereitung zu machen oder für die Prüfung zu lernen, nur damit er am Tag möglichst viel Zeit mit euch verbringen kann. Es ist nicht immer leicht, aber wir geben euch all die Liebe und Zeit, die ihr braucht. Und ihr seid meistens so verständnisvoll, völlig erstaunlich für euer Alter. Ich bin unendlich stolz auf euch!

Nun haben wir noch ein halbes Jahr gemeinsam zu Hause, das ich in vollen Zügen genießen werde. Dann wirst auch du mit Helen in die Kindertagesstätte gehen und ich mich bemühen, mein Studium schnell zu beenden. Dann kommt die nächste spannende Zeit auf uns zu, in der wir wieder einen neuen Rhythmus finden werden. Denn die schönste Zeit des Tages ist die, die wir alle vier gemeinsam verbringen!

Deine Mama

KERSTIN LIEBICH

Ist das hier der Puck?

Kennen Sie das Gefühl, etwas zu wissen, obwohl es eigentlich nicht sein kann und keinerlei Anzeichen dafür gibt? Dieses „So, jetzt ist es passiert!" mit dem obligatorisch komischen Gefühl im Bauch? „Es kann eigentlich gar nicht sein, aber jetzt bist du schwanger!"

Kinder?

ICH?

NIEMALS!!!

Ich bin doch kein Muttertier! Ein Kind an der Backe (wahrscheinlich von der schlimmsten und anstrengendsten Sorte), und dann womöglich noch mit anderen Müttern einmal die Woche Krabbelgruppen abhalten, um zu bereden, was man am besten bei laufenden Nasen oder wunden Pos macht. Horrorvorstellung! Ne, nicht meine Welt!

Dann noch mit meiner Arbeit aufhören? Jetzt hatte ich gerade einen gewissen Status in der Firma, und der war nicht einfach zu bekommen! Neeeeeeeeeee, auf keinen Fall würde ich ein Risiko eingehen, darum nahm ich doch sehr gewissenhaft die Pille.

Doch gegen so viel Fruchtbarkeit konnte die Pille wohl nichts ausrichten! Muss wohl in der Familie liegen.

Meine Mutter sagte immer: „Er musste nur die Hose übers Bett hängen, schon war ich schwanger!" So genau wollte ich es eigentlich nie wissen!

Tja, und nun war es geschehen. Oh Mann …

Nun musste nachgedacht werden. Abtreibung war ja mal überhaupt keine Option … Geradestehen für die eigenen Taten war nun angesagt!

Allein – ohne Papa.

Es folgten neun Monate AUF und AB.

Frauenarztbesuche habe ich immer gehasst! Jetzt musste ich einmal im Monat, später dann noch öfter, auf diesem verhassten Stuhl sitzen! Beim Ultraschall dann allerdings fassungsloses Staunen über das, was sich da anscheinend gerade in mir tat. Da schlägt dann sehr schnell so ein kleines Herz und sehr bald erkennst du

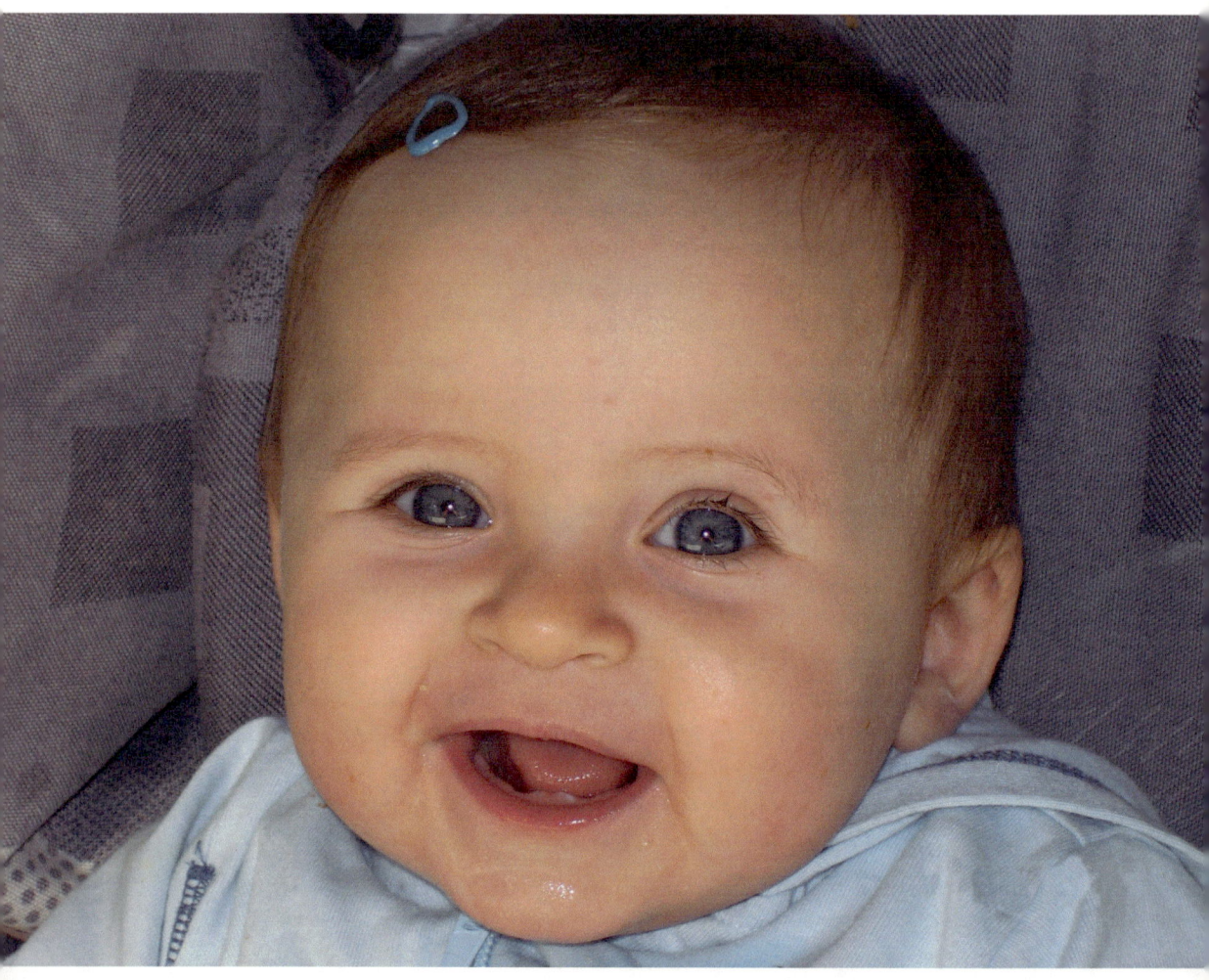

Arme und Beine – und ich war gefesselt. Ich konnte es kaum erwarten, einige Zeit später wieder mein Kind durch dieses Gerät sehen zu können. Als es dann darum ging, was es denn wohl werden würde, stellte es sich ganz schön an! Es wollte es uns einfach nicht zeigen! Jedes Mal ging ich wieder neugierig aus der Praxis. Neugier ist was Schlimmes! Und ich war doch sooo neugierig! Erst ziemlich spät erfuhr ich, dass es ein Mädchen werden und sich alles wunderbar entwickeln würde. Sonst spürte ich nämlich nichts. Keinen Heißhunger, keine

76

morgendliche Übelkeit – nur Eier habe ich in keinster Weise vertragen, sehen und vor allem nicht riechen können. Rührei, an diese Abneigung kann ich mich noch gut erinnern … Wie schreibt man „bwäää"??!!

Ach, noch ein Wort zum Frauenarzt! Ich habe den erstklassigsten und super-tollsten Frauenarzt, den es gibt! Ich bin sehr froh, dass ich ihn gefunden habe – und ich möchte, dass er niemals in Rente geht! Er wird wohl von diesem Wunsch nicht so begeistert sein.

Dann wieder – wie wird es ohne Arbeit, ohne meine Freunde, die ich dort hatte und mir sehr am Herzen lagen, wie werde ich mit dem Geld auskommen? Die Caritas war super, denn sie waren dort sehr nett, und man hat mir in dieser Zeit sehr geholfen, denn es gab so vieles zu beachten und zu beantragen mit Fristen, die eingehalten werden mussten, sonst gab es kein Geld, und wenn man alleinerziehend ist und irgendwie mit allem allein dasteht, ist es wirklich eine supergroße Hilfe!

Nun, mit diesem Hintergrund – kein Papa für das Kind, Familie fassungslos über, in ihren Augen, den verantwortungslosen Sex mit Folgen – kam der Termin immer näher. Ich hörte auf zu arbeiten und merkte verblüffend schnell, dass es gar nicht so schlimm war. Im Gegenteil! Ich fing an, meine kleine Wohnung aus-zumisten. Nesttrieb nennt man wohl so was, und es ist erstaunlich, was man mit der Zeit so ansammelt!!! Ich gehöre ganz eindeutig zu den Sammlern. Im neunten (!!) Monat strich ich meine Wände in der Wohnung orange … sieht super aus! Ich malte süße kleine Blümchen an die Wand, weil es ja ein Mädchen werden sollte – und dann habe ich schnell die süßen Blümchen wieder überstrichen! Zu den Malern gehöre ich nicht! Alles sollte neu werden … ein neuer Anfang! Gut vorbereitet wollte ich sein.

So ging ich in einen Geburtsvorbereitungskurs und lernte atmen und tönen (Mann, kam ich mir vor den Mädels doof vor mit den Mmmmmmmhhhhhhhhhhhhhhs, Aaaaaaaaaaaaaaaaaaaaaaaaaahhhhhhhhhhhhhs und Ooooooooooooohhhhhhhs. Während der Geburt habe ich viel geooooooooohhhhhhhhhhhhhhht und ge-aaaaaaaaaaaaaaahhhhhhhhhhhhhhht, und ich finde, es hilft tatsächlich, wenn die Wehen noch nicht so schlimm sind, die Schmerzen wegzutönen!) und mich zu entspannen.

Dazu eine kleine Begebenheit: Stellen Sie sich eine Runde (einen Kreis) Schwan-gere vor. Alle fühlen sich ein wenig beklommen, keine kennt die andere richtig;

man fühlt sich beobachtet und beobachtet selber, vorsichtig, die anderen aus dem Augenwinkel; man überlegt sich: „Oh Mann, hat die 'nen Bauch, will die platzen oder was?" Oder: „Boah, bei der hängt ja gar nichts, keine Streifen, keine Dellen ... wie macht die das bloß?!" Und dann kommt eine sehr dominante und von sich und der Ausübung ihrer Arbeit überzeugte Hebamme in den Raum. Für sie ist es eine sehr ernste Sache und sie erwartet von jeder Einzelnen Konzentration und Ernsthaftigkeit! Also bloß nicht lachen, Lachen wird mit bösen Blicken geahndet!

Alle setzen sich im Schneidersitz auf den Boden. Schließen die Augen. Atmen tief bis ganz runter ... was auch immer das sein soll ...

Kommen Sie, machen Sie mit! Setzen Sie sich bequem auf den Boden, schließen Sie die Augen und atmen Sie tief! Dann stellen Sie sich vor, sie seien ein Ei. Ja, ein Ei in einem Eierbecher! Gekocht oder roh? Egal! Zwischen dem Ei und dem Eierbecher ist ein wenig Luft und man sollte entlang dem Eierbecherrand kreisen.

Mann, war mir schlecht ... Ich konnte diese vielen Eier in dem Raum riechen! Ein kurzer Blick verriet mir, wie die anderen Schwangeren völlig entspannt in ihren imaginären Eierbechern kreisten und sich tatsächlich entspannten! Ich habe es dann später nochmals versucht (allein für mich), und es klappte tatsächlich. Diese Übung hat mir auch während der Geburt geholfen, denn ich war so fertig, dass ich lieber ein Ei war als eine Gebärende!

Entspannung war DAS Thema und für viele Schwangere sehr wichtig! Manche empfinden eine Schwangerschaft ja als Krankheit! Ich kann das nicht bestätigen!

Am 4. Dezember 2007 war es dann so weit. Nach elf Stunden im Kreißsaal (glaube, es möchte hier keiner so genau erfahren, was ich in den Stunden so erlebt habe) und einer normalen Geburt hatte ich dann so ein kleines Menschlein im Arm. Das Allererste, was mir an ihr auffiel, waren ihre Ohren, denn es waren meine! Sie hatten die gleiche „Delle", wie ich sie auch hab ... Und da wusste ich, sie ist von mir, MEINE Tochter, mein Fleisch und Blut (in dem Moment auch buchstäbliches Blut. Es gibt ja so Realityshows, bei denen man blutige, glitschige Neugeborene sieht und denkt: Oh ne, ist das ekelig! Wenn ich mal ein Kind bekomm, will ich das erst sehen, wenn es gewaschen und angezogen ist! Aber in dem Moment ist das nicht so ... Es gibt nichts Schöneres, als das Kleine sofort zu bekommen, Haut auf Haut, es anzufassen und es anzuschauen! DAS EIGENE

KIND kann man IMMER RIECHEN! Es ist wirklich faszinierend! Jeder, der das nicht erlebt, verpasst etwas sehr Schönes und Bewegendes im Leben!) Ich finde, das muss mal ganz deutlich gesagt werden!

Gibt es ein großartigeres Gefühl? Lange habe ich überlegt, was an dieses Gefühl wohl rankommt. Ich glaube, es gibt nichts! Aber ich möchte es so umschreiben: Alles auf der Welt hat irgendwo einen Fehler … Es gibt nichts Vollkommenes, keine vollkommene Beziehung, keine vollkommene Arbeit, keine vollkommene Freundschaft, es gibt immer Dinge, die falsch laufen, wir Menschen sind einfach egoistisch, neidisch, eifersüchtig, viele negative Eigenschaften gehören zu uns. Dieses Gefühl war anders, es war vollkommene Freude, vollkommene Zufriedenheit und die mit Abstand positivste Überraschung, die ich je erlebt habe. Alles andere um mich war schlicht und einfach egal; alles, was zählte, war meine kleine Svenja auf dem Arm. Ich wurde untersucht und genäht von einem Arzt, der mit seiner weißen Plastikschürze und den endlosen Handschuhen eher an einen Schlachter erinnerte, aber das habe ich alles nicht wirklich mitbekommen. Alles war perfekt. Svenja hatte viele dunkle Haare, und da war ich froh drüber, denn die erste Tochter meines Bruders hatte lange keine Haare – und das würde das Erste sein, was ich ihm ausrichten ließ. „He, he, meine Kleine hat viele Haare!" Sie hat fünf Finger mit winzigen Fingernägeln dran, fünf Zehen, zwei Arme und zwei Beine, und schreien konnte sie auch gleich, aber das war das schönste Schreien, das es gibt! So abgedroschen der folgende Satz auch immer klingen mag, aber „es ist wirklich ein Wunder".

So wurde ich im Zustand gesteigerten Hochgefühls, man könnte es auch einfach euphorisch nennen, mit einem Wunder auf dem Arm aus dem Kreißsaal geschoben. Die Zeit im Krankenhaus fand ich persönlich echt okay. Ich habe nette Leute kennengelernt und zu Elke habe ich immer noch Kontakt. Ihre Tochter Lena ist drei Tage jünger als Svenja und die beiden sind richtige Goldstücke! Ich habe Elke kennengelernt, als ich eigentlich schon nach Hause sollte, aber da Svenja Gelbsucht bekam, musste ich noch bleiben! Ich war am Boden zerstört, ein heulendes Elend, und das erste Mal spürte ich, wie es ist, wenn man Angst um sein Kind bekommt. Das war eine nicht so tolle Erfahrung. Jeden Morgen um fünf Uhr stach man ihr in die Verse, um Blut zu entnehmen, und abends dann noch mal. Ihre Verse glich bald einem Schweizer Käse! Die Gelbsucht wurde erfolgreich behandelt, meine Angst wich und die Freude kam wieder; und so lachten Elke und ich, kurz bevor ich nach Hause fuhr, bei meinem letzten Essen. Wir tauschten Telefonnummern aus, und erst gestern hatte ich meine Kleine bei ihr, und sie hatte ihren Spaß mit beiden Mäusen. Aber das ist eine andere Geschichte.

Svenja wurde morgens um 7.07 Uhr geboren und genau zwei Stunden später stand die Verwandtschaft mit Fotoapparat und Geschenken auf der Matte. Wir wurden gefühlte tausend Mal fotografiert, und es gibt nur ein Foto von uns beiden, das ich für mich durchgehen lasse. Ich gehöre nicht zu den Frauen, die nach einer Geburt gleich wieder super aussehen! Von Svenja gibt es aber gaaaaaaaaaanz viele süße Fotos, worüber ich unglaublich froh bin! Als Erinnerung unersetzlich! Ich habe sie auf zwei Computern gespeichert und eine CD gebrannt! Sicher ist sicher!

„Rooming-in" finde ich auch eine tolle Sache – so ist das Baby immer bei der Mutter! Bei Bedarf kann es aber auch mal den Schwestern gebracht werden. Bei mir war es so, dass die Schwestern zu mir kamen und meinten: „So, jetzt waren Sie lange genug wach, Sie müssen jetzt auch mal schlafen und wir nehmen die Svenja solange!" Davon war ich im ersten Moment ja überhaupt nicht begeistert. Total von Hormonen durchflutet und total übermüdet wollte ich sie gar nicht hergeben, aber da ich wusste, dass ich sie wiedererkennen würde, dank ihrer Ohren, und bei dem Gedanken, doch mal ein wenig schlafen zu können, gab ich nach. Das war das erste und letzte Mal, dass die Krankenschwestern mir das Angebot gemacht haben! Svenja hat nämlich nicht nur geweint, wenn sie nicht bei mir war, sondern sie hat den Schwestern die Ohren klingeln lassen, so hat sie geschrien! Wie am Spieß überm Feuer! So wurde sie nach dieser Nacht nur noch „Schreikind" genannt. Ich fand das lustig, dass sie wohl doch nicht mit jedem Baby fertig wurden.

Schmerzen … ja, da gibt es doch die Meinung, dass wenn das Kind auf der Welt ist, die Schmerzen vergessen sind. Also die Schmerzen von der Geburt, die habe ich allerdings vergessen, aber die, die dann kamen, von denen hat mir NIEMAND was gesagt! Die wurden fein säuberlich verschwiegen. ICH fand nämlich die Nachwehen überhaupt nicht prickelnd. Genauso wie die Probleme mit dem Stuhlgang. Ich möchte hier ja jetzt niemandem Angst machen, aber die waren für mich nicht lustig. Das scheint aber auch wieder, wie die Geburt selber, bei jedem anders zu sein. Also keine Panik!

Irgendwie bleibt die Zeit in der Klinik eine besondere für mich. Wenn ich daran zurückdenke, begleitet mich ein besonderes Gefühl … so wie wenn man ein Lieblingslied hört, das einen an besondere, gute Zeiten, Wünsche oder Träume denken lässt. Vielleicht auch ein klein wenig Wehmut. Was ich zum Beispiel nicht vergessen werde, ist, dass ich einen ganz großen Baum gesehen habe, wenn ich aus dem Fenster schaute – und immer abends, wenn es dämmerte, kamen Hunderte Raben (oder Krähen? Ich kann die nicht wirklich auseinanderhalten) aus allen Richtungen zu diesem Baum und blieben über Nacht dort. Damit war immer ein wahnsinniger Lärm verbunden, wenn sie ankamen oder losflogen, im Morgengrauen … Das scheint nichts Besonderes zu sein, aber das werde ich nie vergessen! Oder auch, dass ich das alles ohne einen Menschen an meiner Seite erleben durfte oder musste, je nachdem, wie man es sehen möchte. Es war so toll zu sehen, wenn die Mamas mit den Papas ihre Kleinen gemeinsam umhegten. Ich war allein. So intensiv wie manch andere konnte ich es mit niemandem teilen. Das Los der Alleinerziehenden!

Dank meiner fantastischen Hebamme, die immer und zu jeder Zeit für mich da war, gingen die ersten Wochen im Flug vorbei. Zu ihr muss ich auch unbedingt noch was sagen. Oben habe ich sie beschrieben, wie sie wirklich ist, aber aus der heutigen Sicht und mit der Erfahrung, die ich jetzt habe, muss ich sagen, dass sie vollkommen recht hatte, alles so zu machen. Wenn man sich ernsthaft auf sie eingelassen hat, war es nur von Vorteil für uns Schwangere, auch wenn es uns noch so lächerlich und verschroben vorkam. Es hat uns später geholfen, mit der Geburt zurechtzukommen, und ich bin auch froh, sie gefunden zu haben. Falls ich noch mal schwanger werden sollte – dann werde ich bei ihr wieder zu einem Ei in einem Eierbecher. Die ersten Tage war ich natürlich sehr unsicher. Ich wohne allein, die Familie 50 Kilometer entfernt, und da hat man dann schon auch ein wenig Angst, dass mit der Kleinen etwas sein könnte und was man dann machen muss. Ich hatte ja auch keine Erfahrung mit Säuglingen, ich hatte sie bei meinen Geschwistern vielleicht mal eine Minute auf dem Arm, aber mehr … Meine Hebamme hat mir die Angst und Unsicherheit genommen, mein Kind auf den Arm zu nehmen, zu wickeln und zu baden, brachte mir viele Sachen bei, Tricks und Kniffe, und sie brachte mir auch bei, Svenja zu pucken! Das ist eine tolle Technik, die meiner Svenja Ruhe und Sicherheit gegeben hat. Ich habe es auch meiner Mutter gezeigt, die begeistert war, und eines Tages hielt sie die

Baumwolldecke in die Luft und sagte: „Also das Einwickeln nennt man pucken, dann ist das hier der … Puck?"

„Nein, Mama, das ist das Baumwolltuch."

Noch heute lachen wir darüber.

Meine Familie war übrigens sofort verliebt in die Kleine, und alles andere war vergessen! Alle waren nun oft bei mir und versorgten mich mit Essen und allem, was ich so brauchte. Das tollste Geschenk bekam ich von meinen Geschwistern. Sie legten zusammen und kauften mir eine Digitalkamera, und das ist wirklich das beste Geschenk, das ich zu Svenjas Geburt bekommen hab. Alles, jede kleine Veränderung, wurde von mir festgehalten! Die Kamera ist immer und überall dabei!

Es scheint, als sei ich doch zu hundert Prozent ein Muttertier, denn es geht bis heute alles wie von selbst. Ich glaube, ich kann mich glücklich schätzen, da ich viele Mütter gesehen habe, die am Ende ihrer Kraft und auch ihrer Nerven waren, nicht schlafen konnten oder mit „Dreimonatskoliken" zu kämpfen hatten. Das hatte ich alles nicht. Svenja schläft bis heute durch, und sie hat eine Verdauung, wo sogar ich neidisch werde!

Svenja wird mich nun begleiten, immer. Es wird die nächsten Jahre nicht mehr so sein, dass ich nach Hause komme und allein bin. Oder ich werde auch keine Wochenenden mehr verschlafen. Nein, nun verzaubert mich meine Tochter schon seit über zehn Monaten täglich aufs Neue. Mit jedem Fortschritt, den sie gemacht hat, sei es das erste Mal lachen oder sich das erste Mal drehen, bewirkt sie, dass mein Herz vor Freude schneller schlägt. Sie bringt mich jeden Tag aufs Neue zum Lachen und ich möchte sie um nichts in der Welt missen. Sie ist das Beste, was mir passieren konnte, und sie macht mich zu einem anderen und besseren Menschen!

KLAUDIA MÜLL

Als die Zeit stehen blieb

Der erste Moment, als du da warst, war, wie wenn die Zeit stehen geblieben wäre! Alles war still, die Schmerzen und der Druck waren weg und alle Blicke richteten sich nur auf dich: unser Baby, unsere kleine Tochter Sarah.

So lange haben wir darauf gewartet, dass du endlich kommst, waren gespannt, wie du aussiehst und ob alles in Ordnung ist; und nun lagst du da und schautest mich und deinen Papa mit deinen großen dunklen Augen an! Deine Haut war so zart und rosig und deine Haare ganz dunkel. Dein Papa hat die Nabelschnur durchschnitten, und nun warst du angekommen in unserer Welt. Wenn es Wunder gibt, dann warst damals genau du unser Wunder!

Es war ein überwältigendes Gefühl, dich im Arm zu halten, zu sehen, wie du uns ansiehst, zu sehen, was aus dem, was deinen Papa und mich verbindet, entstanden ist. Der zaghafte Ton, den du von dir gabst, ließ uns realisieren, dass wir nun tatsächlich Eltern sind, von einem so kleinen und wunderschönen Wesen. Wir sind für dich verantwortlich, und das Gefühl, dich zu beschützen und alles für dich zu tun, damit es dir gut geht, war so plötzlich da, als wäre es schon immer so selbstverständlich gewesen. Bei uns löste es Freudentränen aus, zu sehen, dass es dir gut geht, dass du endlich da bist!

Es ist alles an dir dran, deine kleinen Füße, die kleinen Hände. Du sahst so zerbrechlich aus, hattest aber die letzten paar Stunden einen harten Weg hinter dir. Auch für deinen Papa und mich war es eine Erfahrung, die uns ein Leben lang prägt und einen auch zusammenschweißt, aber diese Stunden lohnen sich, wenn man sieht, was dabei entstanden ist.

Dieser erste Moment deiner Geburt wird nun von so vielen weiteren schönen Momenten gefolgt. Dir zuzuschauen, wie du schläfst, wie dein Gesicht Bände spricht, wenn du träumst, deine kleinen Bewegungen, einfach alles an dir könnten dein Papa und ich ständig anschauen, weil es einfach unglaublich schön ist, zu sehen, wie dieser kleine Mensch sich entwickelt. Du beanspruchst uns ständig, und doch wollen und können wir uns ein Leben ohne dich einfach nicht mehr vorstellen. Viel zu wertvoll sind diese Momente, als dass man sie missen möchte.

Mittlerweile lachst du uns an, spielst mit uns, greifst nach Sachen, brabbelst in deiner eigenen Sprache und versuchst, uns nachzumachen. Wir erkennen uns sehr oft selber in dir, ob kleine Bewegungen oder Gesichtsausdrücke, du bist einfach ein Teil von uns.

Nie hätten wir gedacht, dass unsere Liebe noch etwas so krönen könnte wie deine Geburt. Alleine schon die Schwangerschaft war eine schöne Erfahrung, die ersten Bilder im Ultraschall, deine ersten Bewegungen im Bauch, dein Schluckauf, alles war so faszinierend und unglaublich, aber als du dann da warst, hat es unser Leben komplett umgekrempelt. Wir sind so froh, miterleben zu können, wie du aufwächst, dich entwickelst und unsere kleine Familie komplett machst.

Auch die Stunden, Tage und Nächte, die schwierig sind, ändern nichts an der Tatsache, dass du einfach ein Traumbaby bist. Klar, für uns ist es schwierig zu wissen, wie wir dir gleich helfen können, wenn du mal heulst. Du kannst es uns ja nicht sagen. Wir hoffen, dass wir für dich genauso toll sind, wie wir dich finden. Schließlich machen wir uns oft zum Affen, nur um dich zu unterhalten, stellen die unmöglichsten Sachen an, um dich zum Lachen zu bringen, und knuddeln einfach nur gerne mit dir, weil es schön ist, deine Wärme zu spüren und dich zu riechen; du riechst einfach gut, einfach nur nach Baby. Durch dich lernen wir auch wieder, die einfachen Dinge zu genießen und uns darüber zu freuen. Für uns sind sie alltäglich, für dich eine ganz neue spannende Welt, die dich zum Lachen bringt und über die du dich freust.

Und dein Lachen ist für Papa und mich einfach nur das Schönste, was es gibt.

Ich hoffe, mit diesen Worten nur annähernd beschrieben zu haben, wie besonders du bist, denn eigentlich kann man dich in Worte nicht fassen, dafür bist du einfach zu überwältigend und unglaublich, wie, hoffe ich, jedes Kind für seine Eltern!

Für deinen Papa und mich bist du unsere kleine Prinzessin Sarah!

Deine Mama Klaudia

JANKA NEUMANN

Das erste Lächeln

Ob es wirklich das allererste Lächeln war, kann ich gar nicht so genau sagen, aber jedenfalls war es das erste Lächeln, bei dem ich mir ganz sicher war, dass es sich um ein bewusstes Lächeln handelte.

Wie oft habe ich mich vorher schon gefragt: „War das nicht ein bewusstes Lächeln?" Zum Beispiel als ich mit meiner Kleinen den ersten Ausflug mit dem Kinderwagen machte und gerade dabei war, ihr hellgrünes Jäckchen zuzuknöpfen, lächelte sie, und ich vermutete, dass es ein „echtes" Lächeln war. Dennoch blieb immer ein Hauch von Zweifel zurück.

In diesem Fall war es aber anders: Ich saß auf unserem schwarzen Ledersofa im Wohnzimmer der kleinen Wohnung, in die wir erst wenige Monate zuvor eingezogen waren. Anni, die gerade vier Wochen alt war, wiegte ich in meinem Arm; und sie fühlte sich sichtlich wohl, hatte zuvor gut gegessen oder, besser gesagt, getrunken und genoss die Wärme und Nähe. Auch ich fühlte mich dabei wohl und ließ meinen Gedanken freien Lauf.

Es war noch gar nicht lange her, dass Anni geboren wurde. Wie aufregend war das damals alles! Anfang des Jahres konnte ich noch gar nicht fassen, dass ich bald ein Kind haben würde, denn ich war gerade dabei, mich mit ungewollter Kinderlosigkeit abzufinden, doch dann kam plötzlich die Nachricht: „Der Bluttest ist positiv", sagte der Arzt am Telefon, und während andere Leute möglicherweise vor Freude an die Decke springen oder vor Rührung zu weinen anfangen würden, konnte ich – fast vor Schreck – nur sagen: „Ach, tatsächlich?" Danach fing ich an zu stottern, was denn als Nächstes käme und was zu tun sei.

Als Geburtstermin wurde der 10. Oktober berechnet. Auf diesen Tag fieberte ich das ganze Jahr über hin, zählte die Monate, die Wochen und zuletzt sogar die Tage. Auch wenn ich sonst sehr traurig bin, wenn der Sommer sich dem Ende nähert und die Bäume anfangen, ihre Blätter zu verlieren, wünschte ich mir in diesem Jahr, dass dies so schnell wie möglich geschehen möge.

Endlich wurde es Herbst! Der 10. Oktober rückte immer näher, aber meine Kleine ließ auf sich warten, sieben Tage, acht Tage, neun Tage … Länger wollte ich nicht warten. Deshalb bekam ich am neunten überfälligen Tag ein Medikament, das Wehen auslöste. Am darauffolgenden Morgen, also am 20. Oktober, wurde meine Anni geboren.

„So, es ist jetzt 7.11 Uhr. Merken Sie sich diese Uhrzeit", sagte die Hebamme nach der Geburt, die ich ab dem Moment, als es überstanden war, nicht mehr schlimm fand. Die Schmerzen hatte ich fast vergessen. Bevor ich meine Tochter sah, hörte ich sie. Sie schrie ganz laut, und es klang, als ob sie sich erschrocken hätte. Erst nach dem Schrei sah ich sie zum ersten Mal, und sie kam mir so unendlich klein vor, obwohl sie mit ihren 51 Zentimetern und 3240 Gramm zwar kein großes, aber ein ganz normales Neugeborenes war.

Als sie endlich auf meinem Bauch lag und unsere Blicke sich trafen, kam es mir vor, als ob sie mich musterte: „Ach, sie ist das also! Mit der werde ich es ab jetzt zu tun haben?"

Vielleicht klingt es unglaubwürdig, aber spätestens ab diesem Zeitpunkt hatte ich die Geburtsschmerzen ganz vergessen und konzentrierte mich auf den kleinen Menschen. „Von wem sie bloß die breite Nase hat?", fragte ich mich im Stillen. Darauf, dass dies geburtsbedingt war und wenig später verschwunden sein würde, kam ich nicht gleich. „Na ja, egal. Dafür kann sie nichts und ein hübsches Mädchen ist sie trotzdem", tröstete ich mich.

Als man Anni schon nach ein paar Minuten von meinem Bauch herunternahm, wurde ich ganz traurig. Dabei sollte sie nur gewaschen und angezogen werden, aber gerade den Gedanken, dass dieses kleine Wesen in möglicherweise einengende Kleidung gepresst werden sollte, empfand ich als unerträglich. Eine Kinderschwester war inzwischen in den Kreißsaal gekommen, fotografierte mein kleines Mädchen, fragte, wie es heißen solle. Ich buchstabierte „A-n-n-i", und sie notierte den Namen zusammen mit Größe, Gewicht, Kopfumfang, den Namen der Hebamme und Ärztin in einer kleinen Mappe, die wenig später unheimliche Aufregung in mir auslösen sollte. Danach schlief Anni in Papas Arm ein und ich konnte die beiden vom Entbindungsbett aus beobachten. In diesem Moment fühlte ich mich richtig gut und begann, das Geschehene zu verarbeiten.

Plötzlich hörte ich jemanden rufen: „Die Ärztin möchte nach Hause gehen! Wenn das Kind heute noch untersucht werden soll, müssen Sie gleich nach oben!" Damit wurde die eingekehrte Harmonie erst einmal radikal zerstört. Trotzdem riet ich meinem Mann zu, gleich zur ersten U-Untersuchung zu gehen. „Du bist doch in spätestens zwanzig Minuten wieder da", sagte ich unwissend und schickte die beiden weg, auch wenn es mir schwerfiel, allein zu sein.

Ich wartete und wartete. Nach über einer Stunde waren mein Mann und meine kleine Tochter immer noch nicht da. Was war bloß passiert? Niemand war im Raum, den ich hätte fragen können. Aufstehen konnte ich auch noch nicht, weil ich frisch genäht war, aber das alles spielte keine Rolle. Ich wollte mein Kind sehen, und zwar so schnell wie möglich!

Bei diesem Gedanken fand ich mich wieder auf dem Ledersofa und sah zufrieden nach unten zu meiner Kleinen, die ich jetzt sehen konnte, wann immer ich wollte. Sie hatte den Kopf zur Seite gedreht, zur rechten Seite. Das tat sie immer kurz vor dem Einschlafen.

„Warum sagt mir keiner, was passiert ist? Es ist doch sicherlich etwas ganz Schlimmes passiert." Die Gedanken rasten durch meinen Kopf und machten mich wahnsinnig. Die Zeit kam mir unendlich lang vor. Endlich kamen zwei Schwestern. Sie wollten sich vorstellen, aber ich unterbrach sie ungehalten: „Was ist mit meiner Tochter? Warum ist sie nicht zurückgekommen?" Darüber, dass das unhöflich war, machte ich mir in dem Moment keine Gedanken, denn ich war emotional viel zu aufgewühlt.

„Na, die ist oben. Im Fahrstuhl ist es so kalt. Es ist besser, wenn man so einem kleinen Kind diese Fahrt nicht noch einmal zumutet. Hat man Ihnen das nicht gesagt?"

Nein, das hatte man wohl vergessen zu sagen. Na ja, nicht zu ändern. Ich war erleichtert, aber ich wollte sie unbedingt gleich sehen, zumindest erst einmal das Foto in der Mappe, das kurz nach der Geburt gemacht wurde.

Erst jetzt bemerkte ich, dass die Krankenschwestern einen Rollstuhl mitgebracht hatten, in dem ich auf die Wochenbettstation gebracht werden sollte.

Während ich mich mühevoll hineinsetzte, redete ich wirr: „Die Mappe, die Mappe. Ich will das Foto sehen." Nicht ganz bewusst bemerkte ich, wie die beiden Schwestern meine persönlichen Sachen zusammenpackten und mich fragten, ob ich noch irgendwo etwas an einem anderen Platz hingepackt habe.

Ich ließ mich nicht beirren: „Da liegt noch die Mappe, die Mappe ..." Dass ich die Mappe nicht bekommen würde, war paradoxerweise in diesem Moment meine größte Sorge.

Plötzlich hörte ich nur Stimmen von ganz weit weg. Es war, als ob ich einen Film sah. Ich hörte alles, aber bezog es nicht auf mich: „Hallo, hallo, Frau N.! Sind Sie wieder da? Die Mappe liegt doch auf Ihrem Schoß", sagte die eine von den beiden tröstend zu mir. Offensichtlich hatte mein Kreislauf kurzzeitig versagt wegen des hohen Blutverlustes. Die Mappe war mir auch ab jetzt egal, denn in wenigen Minuten würde ich ja meine Kleine live sehen.

Ich senkte meinen Kopf und sah Anni kurz an. Auf dem Sofa waren noch ein paar Flecken, weil sie ein bisschen gespuckt hatte. Die hatte ich vorhin wohl übersehen. Inzwischen war sie fest eingeschlafen und zog für einen Moment ihre Mundwinkel nach oben. Ich durfte wieder einmal dieses unschuldige Babylächeln sehen, das alles vergessen lässt, selbst schlaflose Nächte. Sicher ist das kein bewusstes Lächeln, aber es ist einfach wunderschön.

Der Fahrstuhl, in den auch ich musste, war wirklich sehr kalt. Es war schlimm genug, dass meine Kleine damit hatte nach oben fahren müssen, und gut so, dass man sie nicht noch einmal hinunterfahren lassen hatte, um bei mir zu sein. Trotzdem hätte man es mir sagen können, aber egal.

Ich traf Anni wieder mit ihrem Papa im Besucherraum. Sie schlief ganz brav und war wohl von der Geburt erschöpfter als ich. Bei der Untersuchung sei nichts Besonderes herausgekommen, hieß es. Soweit man es bis jetzt einschätzen könne, sei Anni gesund. Das erleichterte mich unendlich. Langsam kam ich auch wieder zu mir und wurde ruhiger.

Die folgenden Tage wurden dennoch nicht leicht. Anni nahm mehr als zehn Prozent ihres Körpergewichts ab. Das Stillen klappte nicht, und sie schrie fast ununterbrochen, sodass ich drei Nächte lang kaum ein Auge zutun konnte. Mit Anni auf dem Arm lief ich den Krankenhausgang auf und ab, aber sie wollte nicht aufhören zu weinen. Ich setzte mich mit ihr ins Stillzimmer, redete sie mit ihrem Namen an: „Anni, was ist mit dir? Wenn du es mir bloß sagen könntest …", aber sie weinte weiter. Plötzlich machte sie ganz große Augen. „Was ist denn das?", konnte ich in ihrem Gesicht lesen. Anni blickte ganz interessiert auf das gemusterte Stillkissen. Die weißen Entchen auf dem farbigen Hintergrund faszinierten sie offensichtlich. So etwas hatte sie noch nicht gesehen. Wie verwandelt war meine Kleine plötzlich.

Der Arzt meinte zwar: „Vieles, was Sie glauben zu sehen, ist nur Ihre Interpretation", aber das lasse ich mir nicht einreden. Ich weiß nicht, wie Anni die Bilder wahrgenommen hat, aber sie hat sie wahrgenommen und viel mehr noch. Auch Geräusche weckten ihre Aufmerksamkeit, ganz besonders das Plätschern von Wasser. Immer wenn ich mir ein Glas Wasser eingoss, blickte sie in die Richtung. Kein Wunder – sie hat ja auch lange genug im Wasser gelebt. Wahrscheinlich war Anni nicht damit zurechtgekommen, dass sie aus ihrer sicheren, mit Wasser gefüllten und immer warmen Höhle vertrieben wurde.

Später zeigte ich ihr auch die Bilder an den Wänden und erzählte ihr, dass wir bald nach Hause fahren würden und dort auch ganz viele Bilder hätten, die ich ihr zeigen könne. Natürlich weinte sie immer noch ab und zu, aber nicht mehr so kontinuierlich wie am Anfang. Sie fing langsam wieder an, zuzunehmen. Auch wenn das Stillen immer noch nicht klappte, weil ich eine Entzündung hatte, konnte ich ihr wenigstens mithilfe einer Pumpe ein bisschen Muttermilch geben. Wegen der Entzündung verlängerte sich unser Krankenhausaufenthalt geringfügig, aber nach einer Woche ging es endlich nach Hause.

Zwischendurch erwachte ich noch einmal aus meinem Tagtraum und sah zu meiner kleinen Anni, die immer noch schlief und wie ein kleines Püppchen aussah mit ihrem Krokodilstrampler. Weil ich ihr diesen besonders gerne anzog, nannten wir sie inzwischen auch Annidil oder Annigator. Wir sangen ihr das Lied „See you later, annigator" vor und erzählten die Geschichte von dem „bösen Krokodil", das in Wirklichkeit gar nicht böse ist. Anni hörte aufmerksam zu. Ich folgte meinen Erinnerungen weiter.

Zu Hause war es anfangs ganz und gar nicht einfach. Das Kinderbettchen war viel zu groß für die kleine Anni. Damit sowohl wir als auch sie zumindest einigermaßen ruhig schlafen konnten, mussten wir sie in ein Körbchen packen, das wir nachts in der Mitte unseres Bettes stehen hatten; aber bald pendelte sich alles ein, und Anni fing schnell an, sich bei uns wohlzufühlen.

Bei diesem Gedanken blickte ich nach unten und zwei kleine blaue Äuglein leuchteten mich an. Offensichtlich wurde ich schon eine ganze Weile beobachtet. Wieder angekommen in der Gegenwart fühlte ich mich bei meinen Tagträumereien ertappt und musste anfangen, halbblau zu lachen. Das entging Anni natürlich nicht. Sie blickte mir weiter in die Augen und lachte mit. Ja, das war schon mehr als ein Lächeln! Das war schon fast ein Lachen, und wenn das nicht bewusst war, dann ist kein Lächeln bewusst. Es bestand kein Zweifel, dass wir beide in diesem Moment glücklich waren.

ANDREA OSTER

Meine ersten Tage bei Mama und Papa

Mein Name ist Isabel Ariane und ich bin elf Monate alt. Da ich ja nun schon groß bin, möchte ich euch berichten, wie es denn für mich war, als ich aus dem kuscheligen, mollig warmen und geschützten Bauch in diese fremde kalte Welt geboren wurde.

Es war im November 2007, ich hatte schon neun Monate in Mamas Bauch verbracht und fand es so schön, immer geschaukelt zu werden, essen und schlafen zu können, wann mir danach war, und vor allem Mamas Herzschlag immer zu hören und zu wissen: Es ist alles in Ordnung!

Irgendwann wurde es mir aber zu eng im Bauch, und ich war neugierig auf das, was es da draußen alles geben mochte. Ich hörte immer, wie sich Mama und Papa über mich unterhielten, alles für meine Ankunft vorbereiteten und sich schon riesig auf mich freuten – also beschloss ich, meine Bauchwohnung zu kündigen und mich in der Welt da draußen umzusehen. Nachts um 24 Uhr machte ich meiner Mama langsam klar, dass ich nun rausmöchte. Es ging auch alles ganz schnell, Mama ist mit Papa ins Krankenhaus gefahren, und ich wurde ganz aufgeregt von den vielen Stimmen, die ich plötzlich hören konnte. Nach einer Weile merkte ich, dass ich durch einen ganz engen Tunnel geschoben wurde, und ich half ganz fest mit, damit die Reise nicht zu lange dauerte, um den Bauch verlassen zu können. Es war wirklich anstrengend, so etwas hatte ich noch nie erlebt, es drückte überall, ich musste mit dem Kopf einige Hindernisse überwinden, es dauerte einige Stunden, und ich dachte: Wann ist es denn nun so weit? Wann kann ich Mama und Papa endlich sehen? Meine Mama half aber sehr gut mit, und auch mein Papa stand uns zur Seite, sodass ich nach circa 17 Stunden plötzlich ein Licht sah. Es war ganz hell, und ich wusste: Nun ist es so weit.

Ich erblickte das Licht der Welt und war erst mal geschockt! Es war so kalt, es war so laut, überall waren Stimmen zu hören, und ich hatte furchtbare Angst. Ich schrie ganz laut und ruderte mit Ärmchen und Beinchen, in der Hoffnung, in diesem riesengroßen Raum Halt zu finden. Plötzlich hörte ich etwas, was ich schon kannte: Mamas Stimme, als sie sagte: „Herzlich Willkommen, kleine Maus". Und dabei wurde ich auf ihren Bauch gelegt und hörte ihren Herzschlag. Das war ein so schönes und beruhigendes Gefühl und ich fühlte mich sofort geborgen. Nun ging es mir wieder gut, denn ich wusste: Mama ist da, es kann nichts passieren. Und das warme Gefühl, das ich bereits aus dem Bauch kannte, breitete sich wieder in mir aus. Ich schloss meine Augen und schlief zufrieden bei Mama ein.

Das war meine Geburt, und ich muss sagen, ich habe mich sehr schnell davon erholt. Es war so schön, die ersten Tage immer an Mamas Brust zu liegen, mit ihr zu kuscheln, ihre Haut zu spüren, ihre Stimme zu hören, wie sie leise mit mir sprach und mir etwas vorsang. Fast so wie im Bauch, nur viel spannender. Überall sah ich neue Dinge, roch ich neue Gerüche, hörte ich fremde Stimmen und fühlte ganz unterschiedliche Materialien auf meiner Haut. Es war seltsam, denn ich war ja immer nackt im Bauch, aber dafür hielt es mich schön warm und ich konnte kuschelig in Mamas Armen einschlafen.

Leider gab es auch ein paar Dinge, die nicht so schön waren, denn ich hatte oft ganz unglaubliche Bauchschmerzen. Ich wusste gar nicht, was das ist; manchmal nach dem Essen, wenn ich gerade einschlafen wollte, fühlte sich mein Bauch an, als würde er explodieren. Ich bekam wieder große Angst und wusste nicht, was das ist, denn aus dem Bauch kannte ich keine Schmerzen. Aber dann brachte Mama immer ein warmes Kirschkernkissen, und ich konnte an Papas Brust kuscheln, bis ich wieder eingeschlafen war und die Schmerzen weg waren. So habe ich jeden Tag neue Sachen gelernt; ich habe gemerkt, wann Tag und wann Nacht ist, denn die Erwachsenen möchten nachts schlafen und tagsüber erleben sie viele interessante Geschichten. Anfangs konnte ich Tag und Nacht nicht wirklich unterscheiden; wenn ich Hunger hatte, dann habe ich Mama geweckt und geschrien, denn ich musste ja wachsen. Sie hat mir dann immer leckere Milch zu trinken gegeben und ich konnte in Ruhe weiterschlafen. Irgendwann habe ich das aber nicht mehr gebraucht und ich habe Mama und Papa durchschlafen lassen, denn die beiden waren ja sehr müde, da ich sie schon den ganzen Tag auf Trab hielt. Wir waren viel spazieren, haben meine ganze weitere Familie kennengelernt, haben zusammen im Klang der Musik getanzt, haben im warmen Wasser gebadet, haben viel gekuschelt und alles, was man sich als Baby noch so wünschen kann.

Alles in allem kann ich sagen, ich bin sehr froh, dass ich in die Familie von Mama und Papa gekommen bin, sie haben mich sehr lieb und tun alles, um meine Welt spannend und interessant zu gestalten. Ich hoffe, ich kann genauso wie bisher in dieser Geborgenheit weiter aufwachsen und durch ihre Liebe zu einem glücklichen und zufriedenen Menschen heranreifen.

SIBYLLE PAHL

Die Kraft gibt mir Aron

Es war Sommer 2004. Wir waren mit der ganzen Familie grillen, und es war sehr schön, befreit von Problemen zu sein, Problemen wie Müdigkeit, Kribbeln, leichte Lähmungen an Armen und Beinen, Ehestreit oder Sonstiges, was belastend sein kann.

Am Abend, als wir im Bett lagen, hatte ich Verlangen, mit meinem Mann zu schlafen, was sehr selten war, weil ich oftmals keine Lust verspürte, zu sehr belastete mich immer alles. Circa zwei Wochen später saß ich am Computer und bemerkte immer wieder, wie mir übel wurde. In meiner ersten Ehe hatte ich nie verhütet und nichts passierte. Und jetzt sollte ich auf einmal schwanger sein? Ich bat meinen Mann am Abend, mir einen Schwangerschaftstest zu holen. Ganz aufgeregt wartete ich dann zehn Minuten später auf das Ergebnis, und es traf mich mit voller Wucht. Nicht der Schlag, sondern die immense Freude. Ich bekomme ein Baby!

Drei Monate habe ich dann gehofft, dass das Spucken aufhören würde, von wegen. Neun volle Monate musste ich mich fast jeden Tag übergeben, konnte nur Suppe oder auch mal Fisch essen, sonst gar nichts. Meine längeren Haare musste ich mir abschneiden lassen, denn mir wurde schlecht, wenn ich ein Haar im Mund spürte. Auch hatte ich totale Abneigung gegen meinen Langhaarkater Merlin. Am liebsten hätte ich ihn hergegeben, aber hab das natürlich ausgehalten. Es folgten Infusionen mit Vitaminen, und komischerweise hatte ich in dieser Zeit der Schwangerschaft weder ein Kribbeln noch Lähmungserscheinungen, und ich hoffte, dass es nie wiederkommen würde.

Ich heiße Sibylle, bin jetzt 36 Jahre alt und seit sechs Jahren verheiratet. Ende 2006 wurde bei mir Multiple Sklerose (MS) festgestellt und Aron ist jetzt dreieinhalb Jahre alt.

Ich hatte Angst. Aufgrund meiner derzeitigen Müdigkeit und das Kribbeln an einigen Körperstellen wusste ich nicht, was auf mich zukommen würde. Ich lag mit Aron in meinem Bauch im Krankenbett. Die Fruchtblase war geplatzt, und so hatte mich mein Mann Werner sofort ins Krankenhaus gefahren. Beide waren wir jetzt hier und warteten, dass sich die Wehen bemerkbar machten.

Aron kam nach 24 Stunden per Kaiserschnitt zur Welt. Die 24 Stunden waren irgendwie nicht so lange, wie man es hier so liest. Nach Zäpfchen und Laufen wollten die Wehen einfach nicht richtig einsetzen. Irgendwann bekam ich dann einen Einlauf, und meine Hoffnung wuchs wieder, dass es endlich losging. Leider dann auch nicht. Immer wieder kamen Ärzte und sie untersuchten meinen Muttermund. Er war nicht weit genug offen. Es tat auch ziemlich weh, ich vermutete, sie wollten den Muttermund etwas weiten. Fand ich persönlich als sehr schmerzhaft. Zuletzt, als alles nichts mehr half, wurde ich an den Wehentropf angedockt. Puh, die Wehen, die ich dann bekam, waren total unnatürlich. Stunde um Stunde wurde es immer schlimmer, aber der Muttermund wollte sich einfach nicht weiter öffnen. Gegen 23 Uhr kam dann der zuständige Arzt und meinte, es wäre Zeit, damit aufzuhören und den Kaiserschnitt vorzubereiten. Irgendwie war ich erleichtert, aber auch gleichzeitig traurig, dass ich Aron nicht normal zur Welt bringen konnte. Im OP-Raum wurde dann die Spritze zur Betäubung gesetzt, die ich, noch von den Wehen erledigt, gar nicht spürte. Die Beine wurden sehr schwer, und dann lag ich da. Werner neben mir. Er hielt meine Hand und streichelte meinen Kopf. Zu erleben, wie ich wach war und Aron aus meinem Bauch herausgeholt wurde, das war das Aufregendste, was ich bisher erlebt hatte. Als man mir Aron kurz ans Gesicht drückte, war ich so glücklich, einen Sohn zu haben.

Nachher kam aber sofort das erste Tief: Der Kaiserschnitt tat mir so was von weh, dass ich mich nicht gleich um Aron richtig kümmern konnte. Dauernd musste ich die Krankenschwester rufen, die eh schon total genervt war. Aber was sollte ich denn machen? Einmal hatte er gebrochen, dann fing er an zu weinen, dann hatte ich wieder Angst, mit Aron wäre irgendwas. Immerhin war es ja mein erstes Kind!

Als es dann mit dem Aufstehen und Laufen besser ging, versorgte ich Aron, so gut es eben ging. Das erste Mal Baden und Anziehen war für mich auch sehr gewöhnungsbedürftig. Ich wusste überhaupt nicht, wo ich Aron halten sollte. Aber mit der Unterstützung der Krankenschwester ging es ja. Das erste Anziehen war dann total chaotisch. Dreimal musste ich ihn wieder ausziehen, da ich irgendwie mit der Babykleidung nicht zurechtkam. Gehörte das Oberteil nach vorne oder nach hinten gebunden? Auweia, da bin ich irgendwie nie zurechtgekommen, und Aron bekam dann bei uns zu Hause Unterhemdchen, Pulli, Söckchen und Hose angezogen. Das war bei Weitem viel einfacher.

Endlich nach einer Woche war es dann so weit. Wir durften heim, und es war jetzt schon eine Herausforderung für mich. Daheim angekommen wurden wir mit einem Knurren von unserem Kater Merlin begrüßt. Meine Katzen hatte ich seit zehn Jahren – und ja, sie merkten, dass jetzt noch jemand bei uns war und auch bleiben würde.

Mein Mann Werner blieb eine Woche zu Hause. Es war total schön, zusammen Aron zu wickeln, ihn zu baden, mit ihm zu kuscheln. Auch wenn er viel geschlafen hat, es war auch schön, ihm einfach nur im Schlaf zuzusehen. Sein kleines Gesichtchen anzuschauen. Glücksmomente pur.

Ohne meinen Mann fingen dann die härteren Tage für mich an. Trotz starker Müdigkeit musste ich ja für meinen Süßen da sein. Ihn wickeln, baden und mit ihm kuscheln. Abgestillt hatte ich leider nach wenigen Tagen schon im Krankenhaus. Ich hatte kaum Milch gegeben und Aron nahm im Krankenhaus drastisch ab. Also gab es die Flasche, und daheim versuchte ich dann alle drei Stunden abzupumpen, was meine Brust hergab. Es war nicht viel, aber zumindest hatte er ein bisschen Mamamilch von mir, und das war, wie ich finde, auch so okay. Als Aron anfing, festere Nahrung zu sich zu nehmen, war dies auch ein großer Schritt. An einem Tag hatte ich aber irgendwie einfach keine Nerven. Aron versuchte, mit seinem Babylöffel selber zu essen. Als dies aber danebenging, schlug ich ihn leicht auf den Windelpopo. Und mir ging es so dreckig danach. Hab meinen Schatz in den Arm genommen, mich tausendmal entschuldigt, und ich versprach ihm, es nie wieder zu tun.

Daran muss ich auch heute noch denken, und ich finde, es gibt nichts Schlimmeres, als ein Kind zu hauen; denn ein Kind kann nichts dafür, wenn es einem Elternteil nicht gut geht und man keine Ausdauer mehr hat oder auch die Energie fehlt.

Abends, wenn Werner von der Arbeit nach Hause kam, nahm er Aron zu sich und kümmerte sich um ihn. Es war schön, zuzusehen, wie Werner Aron wickelte und ihm sein Gutenachtfläschchen gab. An einem Abend, als Werner mit Aron im Sessel saß, schlief Aron ganz friedlich in seinen Armen, und auf einmal begann er zu lächeln, und das war so ein süßes Engelslächeln. Was mich wirklich zum Lachen brachte: Werner wurde regelmäßig von Aron angekotzt. Jedes Mal kam aus dem Kinderzimmer am Abend der Ruf: Sibylleeeeeeeeeee, Hilfe!! Und ich wusste schon, was passiert war, und lachte los. Werner war es eher zum Weinen. Mich hat so was aufgeheitert.

Die Tage und Nächte vergingen. Aron wuchs schnell und die U-Untersuchungen waren bisher ohne Befund. Als Aron mit Krabbeln anfing, konnte ich mich ein bisschen ausruhen. Meist schloss ich dann auch das Wohnzimmer ab und sicherte alles, so konnte ich auf dem Sofa liegen und Aron hatte seinen Spaß, überall hinzukommen. Leider war es für mich meistens negativ, dass ich so müde war. Ich bekam vielmals ein schlechtes Gewissen, hab mich als Mama total schlecht gefühlt. Heute weiß ich ja, warum ich so müde war. Eine Begleiterscheinung der MS, genannt Fatigue.

2006 im Sommer bekam ich einen starken Schub. Der ganze Körper war gefühlstaub. Ich wurde ins Krankenhaus überwiesen. Der Schock: drei Wochen dort bleiben. Ich bekam einen Heulkrampf. Warum? Aron lernte momentan das Laufen, und ich wollte doch unbedingt dabei sein, wenn er die ersten Schritte machte. Stattdessen war es eine Tagesmutti, die die ersten Schritte von Aron mitbekam, und ich war so was von enttäuscht. Gleichzeitig war ich total stolz auf ihn, zu sehen, wie er ins Krankenzimmer hereinlief mit seinem Papa in der Hand.

Mein Schub dauerte noch circa zwei Monate. In dieser Zeit bekam ich Hilfe. Auch wenn es mir schwerfiel, mich um Aron nicht richtig kümmern zu können, sah ich ihn glücklich und vergnügt.

Als die Diagnose MS kam, bekam ich schwere Depressionen, die bis heute auch manchmal noch anhalten. Aron war kaum draußen. Am Abend im Sommer ging es ja, da war der Papa dann da und ging mit Aron spielen. Aber der Winter war total schlimm für mich. Wir sind wirklich viel nur daheim geblieben am Tag. Natürlich habe ich mit ihm Spiele gespielt. Den Ball beherrscht er zum Beispiel sehr gut. Er mag gerne Singen und auch Tanzen und er kann sehr gut Puzzles zusammensetzen. Aber mein schlechtes Gewissen hat mich immer sehr geplagt, und manchmal war ich so weit, das Jugendamt anzurufen und um Hilfe zu bitten. Aber es kamen auch wieder bessere Tage.

Aron schlief in seinem Bettchen. Es klappte immer sehr gut, bis er eine Magen-Darm-Grippe bekam. Aufgrund meiner Angst, dass er im Bett im Erbrochenen ersticken könnte, nahmen wir Aron zu uns ins Bett, was sich bis heute nicht geändert hat. Ab und zu schläft er auch mal in seinem Bett, aber das ist eher selten.

Ich genieße es, Aron neben mir liegen zu haben. In diesem Augenblick fühle ich mich ihm sehr, sehr nahe, halte seine Händchen, die inzwischen eigentlich Hände sind, aber er ist für mich einfach immer noch mein kleines süßes Baby.

Seit September 2008 geht er in den Kindergarten, und ich bin wirklich froh darüber, dass es solche Einrichtungen gibt. Endlich kann er sich richtig draußen austoben und sich auch mit anderen Kindern austauschen.

Auch wenn ich krank bin, bin ich froh, meinen Sohn Aron zu haben. Die schlechten Tage überwiegen meist, aber die guten Tage machen alles Schlechte wieder wett.

SONJA PULTORAK

Endlich war SIE da!

Genau das stand in der Betreffzeile in meiner Mail an die Arbeitskollegen, um die Ankunft der kleinen Isabell anzukündigen. „Endlich ist sie da!!!"

Meine Traumvorstellung, wenn meine Kleine das Licht der Welt erblicken würde, war folgende: Mutter und Vater liegen auf dem Bett neben dem Baby und flüstern sich ständig zu: „Ist sie nicht wundervoll?" Lächeln sich verliebt an und sind stolz, dass sie dieses einzigartige Wesen geschaffen haben!

Die Realität dagegen war eine andere. Als wir erfuhren, dass ich schwanger war, wurden alle Ratgeber gekauft, die es gab. Ich habe sie auch alle gelesen, aber nur bis zum Zeitpunkt der Geburt. Ich wollte nur, dass sie endlich kam. Natürlich kam sie vier Tage über dem Termin. Wir hatten gefühlte 40 Grad draußen, in Wirklichkeit waren es aber auch 32 Grad. Es war der heiße Sommer 2006 und der Sommer der Fußballweltmeisterschaft. Der zukünftige Opa hatte sich ausgemalt, dass er die Fußballweltmeisterschaft mit einem kleinen Wesen im Arm verfolgen würde. Seinem ersten Enkel! Die Weltmeisterschaft kam und ging, von Isabell keine Spur. Endlich, am 28. Juli 2006, platzte die Fruchtblase. Es war eine achtstündige Geburt wie aus dem Bilderbuch.

Als Isabell mir das erste Mal in die Hände gelegt wurde, dachte ich schon wieder: Endlich bist du da! Dieser erste Augenblick ist nicht in Worte zu fassen. Selbst jetzt, wo ich es schreibe, bekomme ich Gänsehaut. Das kann man mit nichts anderem vergleichen, außer wenn man noch andere Babys bekommt!

Die Tage, die darauf folgten, waren turbulent, angsterfüllt und schön. Meine Traumvorstellung von Vater, Mutter und Kind im Bett hat sich nicht wirklich erfüllt! Natürlich war und ist Isabell das schönste Kind auf der Welt, aber mit der Ruhe war es vorbei.

Ich meine, woher sollte ich eigentlich wissen, dass Babys die Milchdrüsen der Mutter ausscheiden und total verpickelt werden? Wo war die Pfirsichhaut? Alles nur Werbung? Isabell war total verpickelt! Plötzlich fing auch noch die Haut an, sich zu schuppen. Wieso? Die klitzekleinen Händchen schuppten sich? Ach, es gab tausend Sachen, die wir nicht wussten, aber gelernt haben! Ich muss bis heute noch lachen, wenn ich daran denke, wie mein Mann die erste Milchflasche vorbereitet hatte. Alles nach Angabe und Maß, mit dem Messer glatt gestrichen, damit ja auch kein Krümel zu viel in die Flasche kam. Fünf Minuten später wollte ich fühlen, ob die Flasche auf die richtige Temperatur abgekühlt war. Die Flasche stand auf der Arbeitsplatte in der Küche. Ich war völlig verwundert, warum sie nicht gekühlt wurde, und sprach meinen Mann darauf an. Er war so durch den Wind, dass er warten wollte, bis die Flasche durch die Luft gekühlt wurde, und hätte nie daran gedacht, diese ins kalte Wasser zu stellen!

Der weitere irrtümliche Gedanke war, dass Kinder sehr viel schlafen, eigentlich die ersten drei Monate durch. Isabell schlief 30 Minuten und war zweieinhalb Stunden wach, und das zog sich den ganzen Tag durch. Sobald sie schlief, wusste ich nicht, was ich als Erstes machen sollte. Aufräumen? Putzen? Bügeln? Meistens machte ich mir einen Kaffee und rief Opa oder Tante an, um zu erzählen, wie sie diesmal die Lippen bewegte, wie süß sie sei, was für ein tolles Lächeln sie hätte und was für eine tolle Tochter ich doch überhaupt hätte. Die 30 Minuten waren um, und schon hörte ich Beschwerden aus dem Schlafzimmer!

Die schönen Zeiten wechselten die Zeiten ab, in denen man sich unzulänglich fühlt. Traumhaft waren die Zeiten, wo sie gesättigt, frisch umgezogen, stundenlang auf mir schlief. Jawohl! Auf mir schlief sie mehr als nur 30 Minuten. Ich habe sie stundenlang beobachtet und fand sie wunderschön. Wenn ich leise dabei ferngesehen habe und wieder von einem Fall berichtet wurde, in dem ein Kind umgekommen war, heulte ich Rotz und Wasser! Ich dachte immer nur: Wie kann man nur! Hätten sie das Kind doch mir gegeben. Ich hätte mich doch liebevoll darum gekümmert! Dieses Denken ist bis heute geblieben.

Ein weiterer Aspekt, der mein Gefühl der Unzulänglichkeit schürte, war, dass alle anderen Menschen sich dazu berufen fühlten, mir ständig Ratschläge zu geben. Ich ging mit Isabell vor die Haustür, und schon hieß es von einer Passantin: „Wie, das Kind hat ein Mützchen an? Es ist doch viel zu warm!" Mein Gott, mein Baby war doch erst zwei Wochen alt!!!

Damit machte ich ständig Erfahrungen! Hatte Isabell Socken an, war es falsch, hatte sie keine an, war es auch falsch. Lag sie im Kinderwagen leicht zugedeckt, war es auch verkehrt. Ich hatte schon Angst, mit ihr vor die Tür zu gehen! Als einige aus dem Bekanntenkreis mitbekamen, dass es mit dem Stillen nicht geklappt hatte, war ich schon wieder eine Rabenmutter! Wieso war ich nicht durchhalte-fähiger, warum dieses nicht und jenes nicht? Ich bin weder ein Verfechter des Stillens noch der Milchflasche. Ich bin ein Verfechter dessen, dass es dem Baby doch einfach nur gut gehen soll!

Gott sei Dank stand in dieser Zeit mein Papa (Rentner) an meiner Seite! Er unterstützte mich, wo es nur ging. Was ich allerdings sehr erstaunlich fand, wie viel er von Kindern wusste. Es heißt, dass die Väter nicht so viel mitkriegen würden. Mein Papa war ein Genie!!! Eine große Unterstützung. Wenn ich meinte, an Isabell wieder etwas entdeckt zu haben, reichte ein Anruf, und Papa eilte an meine Seite und an die der Enkelin. Wir haben ihm wirklich viel zu verdanken.

Es war ein Auf und Ab, aber dennoch war es die schönste Zeit meines Lebens. Ich hoffe, dass wir demnächst wieder mit so einem Kind gesegnet werden. Isabell ist mittlerweile zwei Jahre alt und ein tolles Mädchen, für das ich mein Leben geben würde, ohne zu überlegen!

Was ich definitiv gelernt habe, ist, die Welt mit den Augen eines Kindes zu betrachten. Plötzlich werden ganz unwichtige Sachen einmalig!

JOANA SANDER

Früher als gedacht

Du kamst ganz plötzlich. Klar, wir hatten mit dir gerechnet, aber nicht **fünf** Wochen zu früh, eher **zwei** Wochen zu spät. Du bist unser erstes Kind, und das erste Kind lässt sich meistens Zeit, sagten sie. Und dann war da plötzlich das Blut, der Schrei nach deinem Vater, die hektische Fahrt zum Krankenhaus, meine Tränen und unsere Angst, und ich fühlte nichts von dir. Sonst hattest du dich so viel bewegt. Dein Vater parkte auf dem Vaterparkplatz, und ich wunderte mich darüber, denn ich hatte gar keine Wehen. Ich schleppte mich zum Kreißsaal und man legte mir den Wehenschreiber um; und Gott sei Dank, dein Herz schlug ganz normal, als wäre nichts. Die Ärztin kam erst nach einiger Zeit und sagte, ich müsse erst mal dableiben. Das fand ich gar nicht gut, ich wollte wieder nach Hause und ein schönes Wochenende haben, es war Freitag.

Papa musste nach Hause fahren, ich blieb dort in diesem langen dunklen Raum ohne Fenster inmitten der anderen Kreißsäle, mit dem Gesicht zur Tür, hinter mir ein Vorhang. Den hatten sie noch geöffnet, ich hatte das Gefühl zu ersticken. Die Nachtschwester verriet mir unbewusst, dass etwas nicht in Ordnung war, denn sie fragte mich, ob ich Valium haben möchte. Von dieser Nacht erinnere ich mich nur an den Zeiger der Uhr links über der Tür. Drei Uhr. Vier Uhr. Fünf Uhr. Ich hatte das Gefühl, gar nicht zu schlafen. In den letzten Wochen war ich abends eher depressiv, wenn es dunkel wurde. Nun lag ich in diesem komischen Zimmer und überlegte, wie lange ich nun wohl im Krankenhaus bleiben müsse.

Endlich war es acht Uhr morgens und Papa kam, wir sollten erneut zum Ultraschall und gingen rüber. Die Ärztin sagte nicht viel und rief dann einen weiteren Arzt, sie murmelten etwas, und dann standen sie zu dritt da, als uns der junge dunkelhaarige Arzt erklärte, dass die Plazenta sich an einer Stelle gelöst habe und dass sie einen Kaiserschnitt machen möchten. Ich fragte: Wann? Er sagte: Jetzt. Ich schaute nach links zu deinem Vater, der war weiß und sagte nichts. Ich auch nicht.

Überall liest und hört man von diesen plötzlichen Geburten, aber wenn es einen selbst betrifft, dann kann man es nicht glauben. Du solltest heute geboren werden? Du solltest heute auf die Welt kommen? Ich hatte mich schon so viel mit dir beschäftigt und mich auf dich gefreut, aber ich brauchte doch noch etwas Zeit – und du, du musstest doch noch wachsen, es gab noch so viel zu überlegen und vorzubereiten, vor allem in der Seele. Du warst mir schon so nah, und doch warst du auch irgendwie unwirklich in meinem Bauch, es war schön, so nah bei dir zu sein. Ich fragte, was du wiegen würdest, und sie sagten, über 2000 Gramm, das sei genug. Für mich war das viel zu wenig. Gerade erst hattest du so richtig schön und richtig schnell zugenommen, ich hatte mich schon auf den nächsten Besuch bei der Frauenärztin gefreut. Dann war ich ziemlich ruhig und stimmte zu.

Papa ging raus und rief deine Oma an, die weinte und konnte es nicht glauben, dass es so schnell gehen sollte. Ich wurde wieder in den Raum neben den Kreißsälen geschoben, und die Hebamme kam, um mich zu rasieren und vorzubereiten, ich hatte großen Durst, aber es wäre besser, nichts zu trinken. Und dann stand plötzlich mein Bruder in der Tür, hatte Butterbrote und etwas zu trinken für deinen Papa dabei. Ich war gerührt und glücklich.

Sie gaben mir einen „Schitt-egal-Drink", der schmeckte grässlich, aber er sollte mir helfen – und das tat er auch. Ich fing an, alles lockerer zu sehen. Man könnte auch sagen, ich hatte plötzlich einen Clown gefrühstückt. Dann ging es sehr schnell: in den Kreißsaal, Rückenmarknarkose, hinlegen, Kreislaufprobleme, mein Blutdruck war sehr tief gesunken. Um meine Angst zu überspielen, bat ich den russischen Narkosearzt, einen Witz zu erzählen, und so erzählte er einen russischen Witz, den keiner verstand, der aber doch alle irgendwie amüsierte. Ruckeln, ein Schrei. Das warst du. Auch wenn das alles irgendwie unangenehm und gar nicht so war, wie wir es uns vorgestellt hatten, so hat es sich doch gelohnt, nur um deinen Schrei zu hören. Sie konnten dich mir nur aus der Ferne zeigen, weil du schnell untersucht werden musstest. Ich hatte keine Brille auf und konnte nur deine Umrisse sehen.

Dann erinnere ich mich noch, wie sie mich auf ein anderes Bett warfen und ich wieder in diesem Zimmer neben den Kreißsälen lag. Du weit weg von mir. Und so lag ich nun dort, ohne gefühlte Beine und so vor mich hin. Als ich richtig zu mir kam, sagte ich zu deinem Papa, er solle sofort zur Kinderklinik gehen und nach dir sehen. Er kam wieder mit einem Foto von dir und der guten Nachricht, dass alles in Ordnung sei. Ich konnte das gar nicht richtig glauben, dass du jetzt wirklich schon da warst. Ich schaute staunend dein Foto an. Stunden später erst durfte ich dich in der Kinderklinik besuchen. Die Krankenschwester kam und sagte fröhlich: Jetzt fahren wir zum Kind! Sie setzten mich in einen Rollstuhl und brachten mich zu dir. Den Gang geradeaus, dann rechts und die zweite Tür links. Hinten rechts am Fenster.

Das ist Ihre Tochter.

Da lagst du, mein ganzes Glück, mein Ein und Alles, mein Sonnenschein, und mir liefen die Tränen die Wangen hinunter. In einem Glaskasten schön zugedeckt, du hattest ganz dunkle Haare. Ganz dünn warst du, eine Sonde war in deiner Nase, damit wurdest du zum Teil ernährt; und an einem Monitor warst du angeschlossen, überall piepste es – und doch war in dieser Kinderintensivstation eine schöne wohlige Atmosphäre. Lichterketten, warmes Licht, alles ruhig und still. Auf deinem Zimmer lag ein Extremfrühchen, und seine Mutter war gerade bei ihm. Du hattest eine Sonde in der Nase zur Ernährung und einen Atemmonitor, aber du warst sooo schön. Ich setzte mich neben dich und schaute dich nur an.

Die nächsten zwei Wochen waren wir beide zusammen im Krankenhaus, du in der Kinderklinik, ich auf der Frauenstation. Ich sollte mich ausruhen und konnte nicht gut aufstehen und auch nicht gut sitzen, und doch wollte ich so oft wie möglich bei dir sein. Ich nahm Schmerztabletten, damit ich die Zeit mit dir einigermaßen schmerzfrei überstehen und mich hinsetzen konnte, um dir die Flasche zu geben. Immer wieder von vorn, im Rhythmus zwischen Wickeln, Stillen, Nachfüttern, Kuscheln alle paar Stunden. Dazwischen habe ich Milch abgepumpt. Du warst nicht saugstark genug, um ganz aus der Brust zu trinken. Mit dem Stillen hatte ich mich noch gar nicht beschäftigt. Mit Abpumpen schon gar nicht. Und doch war das alles auf einmal ganz selbstverständlich. Alle vier Stunden ging ich ins Stillzimmer; dort, wo die anderen ihren Kindern die Brust gaben, pumpte ich die Milch für dich ab und stellte vorher ein Foto von dir vor die Pumpe, damit die Milch besser floss. Dann brachte ich die Milch zu dir zur Kinderklinik. Wenn es ging, blieb ich und lernte, dich zu wickeln und zu füttern und dir, wenn du zu müde zum Trinken warst, die restliche Nahrung mit der Sonde zu geben. Und dann haben wir gekuschelt. Es war nicht einfach, dort auf der Wochenstation, die vielen Mütter mit ihren Babys, vor allem die, die mitten in der Nacht in mein Zimmer geschoben wurden. Und du lagst dahinten in der Kinderklinik, aber wenigstens konnte ich dich jederzeit besuchen. Und ich gewöhnte mich an die Situation.

In einer Nacht, als ich die Milch bringen wollte, sagte man mir, du wärest nicht da. Mir wankte der Boden unter den Füßen. Die Schwesternhelferin begriff nicht, was sie da gesagt hatte, und viel zu spät kam: Ihre Tochter wurde in die Kinderklinik verlegt. Ich hatte mich so erschreckt und lief mitten in der Nacht durchs Krankenhaus, um dich zu finden und gucken zu können, ob alles in Ordnung mit dir war. Da lagst du zwischen zwei anderen Babys und nicht mehr so behütet wie auf der Intensivstation. Man hatte vergessen, mir Bescheid zu sagen, dass du verlegt wurdest. Es war eigentlich ein gutes Zeichen, dir ging es viel besser. Aber der Schreck war schlimm für mich, und als ich wieder in meinem Zimmer war, fing ich plötzlich an zu weinen, das war alles zu viel für mich. Ich wollte endlich ganz nah bei dir sein, so wie die anderen Mütter. In dieser Nacht habe ich lange mit den beiden Nachtschwestern geredet, und dann ging es mir besser, ich habe mir einfach alles von der Seele geredet.

Schwester Ursula machte mich dann glücklich, denn sie zeigte uns, wie wir mit dir känguruhen können. Als alle anderen Besucher weg waren, hat sie mir einen Liegestuhl gebaut, Musik angemacht, dich bis auf die Windel nackig ausgezogen und mir auf den nackten Bauch gelegt, dann hat sie uns ganz doll warm eingepackt mit Schaffell und Decke und eine schöne Musik angemacht. Es war das Paradies. Deine warme, weiche Haut, dein Seufzen und leises Atmen und du wieder so nah bei mir. Wie hattest du mir gefehlt, seit sie dich da herausgeholt hatten. Und ich glaube, du hast es auch genossen. Ich schloss die Augen und wir waren wieder ganz nah zusammen, wir spürten es beide. Und langsam glitt ich ins Reich der Träume, irgendwie aber die ganze Zeit im Bewusstsein, dich so nah bei mir zu fühlen.

Auch dein Papa hat mit dir gekänguruht, und so haben wir uns abgewechselt. Das war so schön, wir drei ganz allein in diesem Raum. Da haben wir unsere Zeit nach der Geburt nachgeholt und waren das erste Mal so richtig eine kleine Familie. Dieses kleine Menschlein mit den kleinen Händchen und den süßen Augen und der kleinen Nase und dem lieben Blick. Wir freuten uns so darauf, dass du bald nach Hause kommen würdest. Aber die Ärzte sagten nichts dazu, wie lange das noch dauern würde. Wir hatten aber auch ein bisschen Angst, denn hier warst du sicher und gut überwacht, zu Hause könnte das anders sein.

An einem Freitag wurde ich dann entlassen, ich wollte für dich noch ein bisschen zu Hause vorbereiten. Mann, war das aufregend, an was wir alles denken mussten. Wir besuchten dich natürlich, und am Dienstag wurdest du endlich entlassen. Ich musste noch einmal zu den Ärzten, denn an meiner Narbe hatte sich ein Hämatom gebildet, eventuell vom vielen Sitzen. Und dann durftest du endlich mit, wir packten dich ein in die schönsten Sachen und setzten dich in den Autokindersitz. Du sahst so klein aus, aber auch so süß, und dann fuhren wir dich aus dem Krankenhaus in diese schöne Welt, fuhren ein Stück – und endlich warst du zu Hause. Du hast unser Leben total auf den Kopf gestellt, nichts ist mehr, wie es war, und doch ist alles viel schöner mit dir. Du gibst unserem Leben Licht und Freude und Sinn und füllst unseren Tag mit Leben. Mit dir ist jeder Tag ein neues Abenteuer mit unendlicher Zärtlichkeit und Liebe. Wir danken Gott, dass es dich gibt.

DIANA SCHULZE TEMMING

Carepakete an der Haustür

Unser Sohn Phil ist im September zwei Jahre alt geworden. Ich wurde per Kaiserschnitt entbunden und hatte deswegen das Vergnügen, eine Woche statt der erwarteten drei Tage im Krankenhaus zu liegen. So hatte ich ein paar Tage länger „Schonfrist" von dem Alltag zu Hause. Der hat uns dann doch schneller als erwartet eingeholt …

Nach der ersten Nacht mit unserem Baby zu Hause sah ich am Morgen mit einigem Schrecken, dass Phils Augen total verklebt mit Eiter waren. Er konnte sie gar nicht öffnen. Ganz klar, damit mussten wir sofort zum Arzt. Guter Plan, aber leider hatte unser Phil noch keine Versichertenkarte von der Krankenkasse (der arme Papa hatte in der vorangegangenen Woche genug damit zu tun, jede wache Stunde bei uns im Krankenhaus zu sein). Ganz zu schweigen davon hatten wir natürlich auch noch keinen Kinderarzt für Phil.

Wohl oder übel ohne Versichertenkarte sind wir zu unserem Feld-, Wald- und Wiesenarzt im Dorf gestiefelt, der uns gottlob an eine sehr nette Augenärztin überwies. In der Praxis wurden wir direkt in Quarantäne gesetzt, möglichst weit weg von anderen Patienten. Unser Kleiner hatte sich tatsächlich, kaum eine Woche alt, schon ein sehr ansteckendes Virus eingefangen … Nun gut, die anderen Patienten wurden meines Wissens nicht angesteckt, dafür aber – ganz klar – wir!

Am nächsten Tag wachten wir alle drei mit roten, entzündeten Klumpaugen auf und liefen tagelang halb blind durch die Wohnung. In die Außenwelt darf man wegen der hohen Ansteckungsgefahr ja nicht. Also mussten wir von unseren Familien notversorgt werden. Die kurzen Begegnungen an der Tür zwecks Lebensmittelübergabe waren ein Quell der Heiterkeit für die Mutigen, die sich in unsere Nähe trauten, allerdings nur unter der Bedingung, dass wir uns vorher noch gründlich die Hände wuschen, bevor wir die Tüten entgegennahmen.

Wir sahen alle drei einfach furchtbar aus. Die Blässe der Haut zusammen mit der leuchtenden Röte der Augen ergaben ein ähnlich reizvolles Bild wie beispielsweise ein Zombie am Tag. So hatten wir uns unsere ersten Tage mit dem Baby daheim sicherlich nicht vorgestellt, aber wir mussten es mit Humor und viel Geduld für unseren armen Phil nehmen, der schrecklich leiden musste …

Aber wir haben es ohne bleibende Schäden mit nichts als einer lustigen Erinnerung an unsere Spiegelbilder überstanden. Phil ist seitdem tatsächlich kaum einmal krank gewesen. Offensichtlich hat er sein Krankheitspensum für die ersten zwei Jahre direkt in einem Aufwasch erledigt.

BIANCA SEEGER

Endlich daheim

So, nun war es wohl so weit, der 30. November 2007 – und damit mein vorerst letzter Arbeitstag – war herangeeilt. Die vergangenen Wochen waren mit viel Arbeit, spätem Feierabend und der Einarbeitung meiner Nachfolgerin wie im Flug vorbeigegangen.

„Du wirst uns noch vor Weihnachten vermissen", „Sie können doch gar nicht ohne die Firma" und „Was, Sie wollen wirklich zwei Jahre zu Hause bleiben?!?" sind nur ein kleiner Auszug dessen, was ich von Kollegen und nicht zuletzt von meinem Chef zu hören bekommen habe. Ganz insgeheim konnte ich mir zu diesem Zeitpunkt auch nur schwer vorstellen, wie es sein würde, ohne Bürostress, Firmenhandy und dem täglichen Chaos bei meinem Arbeitgeber zurechtzukommen. Ausgerechnet ich, jahrelang auf Karriere und Weiterbildung bedacht, rund um die Uhr erreichbar, ja – ausgerechnet ich habe mich nun dazu entschieden, ab sofort für dich rund um die Uhr da zu sein, wenn du denn endlich bei uns bist.

Wir hatten noch genügend Zeit bis Mitte Februar, aber ich hatte mir fest vorgenommen, die nächsten Wochen die Vorweihnachtszeit zu genießen und mich ganz in Ruhe und gemütlich auf dich, unser Traumbaby, zu konzentrieren. Meine Güt,e war und bin ich dem Schicksal dankbar, dass ich deinen Papi kennen und lieben gelernt habe – wir sind füreinander das Beste, was passieren konnte. Und damit du zu zwei glücklichen Eltern und einem netten Häuschen mit Garten, in dem du aufwachsen kannst, auch „geordnete Verhältnisse" vorfindest, habe ich den Heiratsantrag natürlich angenommen und deinen Papa im Dezember noch geheiratet.

Weihnachten und Silvester gingen vorüber und wir freuten uns täglich mehr auf das Leben in mir, das Leben mit dir. Es waren wunderschöne Gefühle, wenn du mich zärtlich getreten hast und dein Papa ganz verliebt mit meinem Bauch gekuschelt hat. Nach Silvester zogen sich die letzten Wochen sehr und wir bereiteten zu Hause alles für dich vor. Der 15. Februar, dein errechneter Ankunftstermin, rückte nun endlich näher. Deine Wiege war bezogen, Kleidung gewaschen und bereitgestellt … Zigmal am Tag stellte ich mir vor, wie es wohl sein würde, als

Pärchen das Krankenhaus zu betreten und gemeinsam mit meinem Mann und meinem Baby als Familie das Krankenhaus einige Tage später zu verlassen.

Am 14. Februar gönnten wir uns noch ein schönes Valentinsessen. Die Witze: Wenn du heute kommen würdest, bekämst du den Zweitnamen Valentino, hast du wohl gehört und verstanden, denn du hast uns weiter warten lassen. Am eigentlichen Geburtstermin hatte ich noch einen Termin beim Frauenarzt, aber die Geburt war noch nicht wirklich in Sicht.

In der gleichen Nacht um vier Uhr wachte ich auf und hatte das Gefühl, irgendetwas ist anders … Mit der sicheren Vermutung, dass mir die Fruchtblase geplatzt ist, weckte ich deinen Papa und wir machten uns langsam auf zum Krankenhaus. Beim Betreten des Eingangs musste ich unwillkürlich wieder an die schon so oft vor meinem geistigen Auge vorgestellte Situation denken, wie wir mit dir kleinem Bündel im Arm voller Stolz in ein paar Tagen hier wieder hinauslaufen würden. Damals ahnte ich noch nicht, dass alles anders kommen sollte …

Aufnahmepapiere, Wehenschreiber, die ersten stärkeren Wehen und das Geschrei einer anderen Frau aus dem benachbarten Kreißsaal konnten uns die Vorfreude auf unseren Sonnenschein nicht verderben. Morgens wechselte ich in die Badewanne, weil es mein Wunsch war, dich dort sanft ins Wasser gleiten zu lassen. Dein Papi konnte so zwar nicht viel machen, aber er war anwesend und einfach für mich da. Deine Herztöne waren super, und die Hebamme machte mir Mut, indem sie mir versicherte, dich kleinen Mann noch in ihrer Schicht zur Welt zu bringen. Noch maximal drei lange Stunden, dann war es 13 Uhr und ihr Arbeitseinsatz endete für heute.

In diesen Minuten fragte ich mich, aus welchem Grund man wohl in Kreißsälen – übrigens im direkten Blickwinkel der schwangeren Frauen – riesige Bahnhofsuhren anbringen musste?!? Irgendwann setzten die Presswehen ein, und unter dem Adrenalinstoß, dass du gleich in meinen Armen liegen würdest, war alles erträglich. Leider wolltest du den letzten Schritt nicht tun, um auf unsere Welt zu kommen, und nach einer gefühlten viel zu langen Zeit entschied man, ich müsste einen Wehentropf bekommen, damit sie wieder stärker würden. Dazu musste ich die Badewanne gegen den Kreißsaal tauschen, aber das Schichtende der Hebamme war in wenigen Minuten erreicht, und ich freute mich, dass es nun nicht mehr lange dauern würde. Nach einer weiteren Stunde war die Schicht zu Ende, sie aber natürlich immer noch an unserer Seite. Es gab Probleme, weil du nicht so richtig herauswolltest. Letztendlich riefen sie den Chefarzt und nahmen die Saugglocke zu Hilfe.

Um 14.42 Uhr war es endlich so weit: Du warst geboren!!! Colin, unser Sonnenschein!

Das Glück, das man als frischgebackene Mami in diesem Moment empfindet, wenn das kleine Bündel Mensch einem in den Arm gelegt wird, ist unbeschreiblich, einzigartig, wunderschön. Erfüllt mit einer ganz neuartigen Liebe haben dein Papa und ich um die Wette gestrahlt und die innigen Momente jede Sekunde in uns aufgesaugt. Da warst du also, unser Sonnenschein, auf den wir vierzig lange Wochen gewartet hatten!

Im Krankenhaus hatten wir extra ein Familienzimmer gebucht, damit wir zu dritt die ersten Tage mit dir Tag und Nacht gemeinsam erleben konnten. Nach der Geburt wurdest du noch untersucht und für vollkommen gesund befunden, danach durften wir auf unser Zimmer.

„Familienzimmer" – alleine das Wort macht in diesem Moment schon glücklich, wenn aus zwei sich liebenden Menschen plötzlich eine Familie geworden ist.

Die ersten Besucher waren natürlich die frischgebackenen Omas und Opas. Abends erholten wir beide uns dann von den anstrengenden Strapazen der Geburt und schickten den Papi mit all unseren Freunden feiern. Viel geschlafen habe ich in dieser Nacht glaube ich nicht. Zu überwältigend waren die Gefühle, zu neu der Gedanke, dass der kleine Wurm direkt neben mir mein Baby ist. Wie oft ich aufwachte, um nach dir zu sehen, kann ich nicht mehr sagen, aber ich war einfach nur glücklich und zufrieden.

Am nächsten Tag zog Papa wieder mit in das Zimmer und wir empfingen alle Besucher und nahmen Glückwünsche entgegen. Leider wolltest du nicht an meiner Brust trinken, und nachdem nun 24 Stunden um waren, machte ich mir doch langsam Gedanken. Die Schwestern beruhigten mich mit Aussagen wie „Bei einem Geburtsgewicht von 4320 Gramm verhungert der kleine Mann so schnell nicht" und „24 Stunden ohne Trinken ist völlig normal". Gut, zunächst ließ ich mich davon beruhigen.

Die Nachtschwester brachte dir dann eine Spritze mit Nahrung, die wir dir in den Mund gaben. Parallel sollte mit meinem kleinen Finger der Saugreflex ausgelöst werden. Als die Schwester mir dann erzählte, dass sie etwas aufmerksam sei wegen deiner schlechten Nahrungsaufnahme und sie dir noch Blut abnehmen wolle, wurde mir das erste Mal sehr komisch zumute. Klar, alles Routine, redete ich mir ein, und noch nicht wirklich beunruhigend – aber das erste Mal das Gefühl, mein Kind könnte krank, etwas mit dir nicht in Ordnung sein.

Am nächsten Morgen wurdest du vom Kinderarzt untersucht, den Befund sollten wir später bekommen. Was dann folgte, werde ich nie vergessen: Wir bekamen unser Mittagessen – Schinkennudeln, auch das werde ich nie vergessen – und hatten gerade begonnen zu essen und dich dabei friedlich schlafend zu betrachten. Die Tür ging auf und eine Ärztin kam telefonierend herein. Wir bekamen noch das Ende des Gesprächs mit, als sie sagte: „Ich muss nur noch schnell einen Patienten verlegen, dann bin ich wieder unten im OP." Die Worte gingen durch Mark und Bein, und ich wusste sofort, dass sie gekommen war, um dich zu verlegen, weg von uns. Mit kurzen knappen Worten teilte sie uns mit, dass ein Blutwert bei dir nicht in Ordnung sei und man dich in ein anderes Krankenhaus 50 Kilometer entfernt verlegen müsse – ob wir damit einverstanden seien?!?

Was für eine Frage: NEIN, natürlich war ich nicht damit einverstanden, dass man uns unser Baby nach nicht mal 48 Stunden wegnahm, dich woanders hinbrachte und ich noch nicht entlassen werden konnte. Die Gedanken rasten in meinem Kopf und die Tränen liefen einfach so heraus. Ich nickte nur weinend, und dein Papa versuchte noch, mehr Details aus der Ärztin herauszubekommen. Diagnose konnte uns keiner sagen, dazu wären weitere Untersuchungen nötig, und sie würde nun den Babykrankenwagen kommen lassen. Danach ließ sie uns wieder alleine …

Das, was ich nach dieser Nachricht empfand, kann wahrscheinlich jede Mutter dieser Welt nachempfinden. Erst wächst du in mir neun Monate heran, jeden Tag ernähre und spüre ich Dich, dann wirst du geboren und sofort sind all diese Muttergefühle da. Gefühle, die so intensiv und einmalig sind, dich beschützen und behüten zu wollen. Und nun kommen Ärzte und holen dich weg, ohne dass wir wissen, was dir fehlt – und ich kann nichts dagegen tun.

Für mich brach eine Welt zusammen und ich konnte nur noch weinen …

Zwei Stunden später kam das dreiköpfige Ärzteteam mit einem Inkubator, und dein Papa und ich sollten zur Untersuchung dazukommen. Obwohl alle sehr nett und umsichtig waren, lagen meine Nerven blank und der Tränenfluss war nicht mehr zu stoppen. Ich wollte dich nicht weggeben, musste dich doch beschützen! Die Ärztin erklärte uns dann, dass in deinem Blut eine Entzündung festgestellt worden sei, und sofern keine anderen Erkrankungen mehr zutage treten würden, könnte alles mit einer Antibiotikatherapie behandelt und geheilt werden. Allerdings sollten wir uns auf einen Krankenhausaufenthalt von sieben bis zehn Tagen einstellen. Sieben bis zehn Tage ohne mein Baby war ein Albtraum. Für die Ärzte reine Routine.

Sie packten dich dann ein und nahmen dich mit. Dein Papa fuhr direkt hinterher, und ich ging zurück in unser „Familienzimmer" und habe stundenlang nur noch geweint. Die Angst, dass bei den Untersuchungen noch andere Krankheiten zum Vorschein kommen könnten, war riesengroß. Aber allein die Tatsache, dass du die nächsten Tage nicht neben mir liegen würdest, war genug, um alle Tränenreserven zu leeren. Nie in meinem Leben habe ich mich so traurig, so leer und hilflos gefühlt, nie habe ich mehr geweint als in diesen Stunden. Meine Hebamme kam, um mich zu trösten und mir bei den Versuchen, Milch abzupumpen, zu helfen. Da du aber ja kaum etwas angeregt hattest, war das Ergebnis dementsprechend niederschmetternd. Aber ich hatte den Willen, dich unbedingt zu stillen, und stand tapfer alle zwei, drei Stunden auf, um mich wieder an die Milchpumpe zu setzen, auch wenn meine Kraftreserven ziemlich am Ende waren.

Einige Stunden später kam dann der erlösende Anruf von deinem Papi, es gehe dir gut, du habest ein schönes Bettchen am Fenster und auch nur eine Pulsüberwachung statt eines Inkubators. Er durfte dich füttern und war nun auf dem Weg zurück zu mir.

Die Nacht war gefüllt mit Sorge um dich, unseren neuen winzigen Lebensinhalt. Oft habe ich daran gedacht, wie nah wohl tatsächlich Glück und Leid liegen. Eben noch die glücklichsten Eltern der Welt und Minuten später bricht eine Welt zusammen.

Am nächsten Tag wurde ich noch einmal untersucht, und ich fieberte der Entlassung entgegen, um sofort zu dir ins Krankenhaus zu fahren. Bei einem kurzen Zwischenstopp zu Hause überrannten mich die Gefühle erneut. Traurig und weinend unser Heim zu betreten, das war so gar nicht, wie ich mir das vorgestellt hatte. Nun stand ich da, vor deiner liebevoll bezogenen Wiege, nur dass ich dich nicht zum Schlafen hineinlegen konnte. Die ersten Geschenke warteten bereits auf dem Küchentisch und all die Glückwünsche und netten Worte machten mich Wort für Wort trauriger. Genießen konnte ich all das in diesem Moment leider nicht.

Endlich waren wir auf dem Weg zu dir. Das Krankenhaus, in dem du untergebracht wurdest, hatte feste Fütterungszeiten, und so konnten wir dich tagsüber dreimal sehen. Besser als nichts, aber der Gedanke alleine, dich dort wieder zurücklassen zu müssen, war schrecklich. Die Station war eine ausgesprochene Intensivstation und nur mit Schutzkleidung und Desinfektionsmittel zu betreten. Da hast du friedlich schlafend in deinem Bettchen gelegen, und ich hoffte, du würdest von all dem Stress wenig mitbekommen. So viel hatte ich im Vorfeld gelesen, dass die kleinen Würmchen ihre Mama brauchen, dass man ganz viel Nähe aufbauen soll. Leider wurde mir diese Möglichkeit zunächst genommen.

Wir haben dich um 11 Uhr, 15 Uhr und 19 Uhr gefüttert, danach musste ich dich wieder den Ärzten überlassen und nach Hause fahren. Alleine … Ein schreckliches Gefühl, dich zurücklassen zu müssen. Nachts pumpte ich wieder Milch ab und nahm das Angebot der Pfleger an, jederzeit anzurufen und mich nach dir zu erkundigen. Du hättest gut getrunken und lauthals nach deinem Fläschchen geschrien. Das freute und beruhigte mich.

Am nächsten Morgen fuhren wir gleich wieder zu dir und irgendwie hatte ich etwas bessere Stimmung. Inzwischen hatten wir versucht, uns mit der Situation abzufinden und die Zeit so schnell wie möglich hinter uns zu bringen. Die Nachricht, dass du kleiner Schatz erst noch einen Ausflug in die große Stadt machen würdest, hatte sich bei Freunden und Verwandten schnell herumgesprochen. Bei jeder SMS, jedem Anruf wurde ich aber wieder traurig und gerührt, weil alle so mit uns fühlten.

Im Krankenhaus angekommen machten wir wieder das Desinfektionsprozedere und durften dann zu dir. Nach wenigen Minuten kam die Ärztin und teilte uns mit, dass das Antibiotikum bei dir sehr gut angeschlagen habe und du verlegt werden könnest in ein anderes Kinderkrankenhaus in der Stadt. Das war schon mal sehr positiv, aber als sie mir dann mitteilte, dass ich gemeinsam mit dir wieder in die Klinik einziehen könne, war ich einfach nur noch glücklich. Die Tränen liefen mir die Wangen hinunter, diesmal allerdings aus Dankbarkeit, dass ich in wenigen Stunden wieder rund um die Uhr bei dir sein konnte.

Dann ging alles ganz schnell. Wir fuhren nach Hause, ich packte die nötigsten Sachen und konnte es kaum mehr abwarten, wieder zu dir zu kommen. Nie mehr im Leben würde ich mich so auf einen Krankenhausaufenthalt freuen. Vergessen waren in dem Moment all die Schmerzen, die ich noch von der Geburt her hatte. Alles egal, ich wollte nur bei meinem Baby sein.

Das neue Krankenhaus war sehr modern und glich eher einem Hotel als einer Klinik. Du warst schon da und hast friedlich in deinem Bettchen geschlafen, als wir ankamen. Zuerst wurde ich eingewiesen in alles, was ich wissen musste, dann fütterten dein Papa und ich dich das erste Mal – ohne die Hektik einer Intensivstation. Papa hatte 24-Stunden-Besuchsrecht und wollte so oft und lange kommen, wie er konnte. Die Überwachungsmonitore samt ihrer Alarmsignale, die deinen Puls, die Sauerstoffsättigung und die Atmung kontrollierten, waren gewöhnungsbedürftig – aber du warst nicht mehr Kilometer, sondern nur noch Zentimeter von mir getrennt. Und das war alles, was ich mir wünschte …

Am nächsten Tag hatten wir eine Besprechung mit der Ärztin dort. Sämtliche U-Untersuchungen waren mit voller Punktzahl erfolgt, Ultraschall von allen Organen und dem Köpfchen ergebnislos und zur kompletten Zufriedenheit verlaufen. Sie teilte uns mit, dass es lediglich diese eine Entzündung sei und du nach der Antibiotikatherapie als völlig gesundes Baby nach Hause könntest.

Ab diesem Zeitpunkt begannen wir wieder, unser Elternglück zu genießen. Klar, die Zeit im Krankenhaus zog sich wie Kaugummi; man konnte nicht mit dir vor die Tür, draußen war schönster Sonnenschein, und wir hangelten uns von einer Mahlzeit zur nächsten. Dank der Ruhe in der Klinik klappte das Stillen immer besser, und die Portionen, die du kleiner Mann verdrückt hast, ließen darauf schließen, dass es dir sehr gut ging. Als du acht Tage alt warst, durften wir den ersten Ausflug mit dem Kinderwagen im Klinikpark mit dir machen. Dick eingepackt und voller Stolz fuhren wir dich spazieren. Die nächsten Tage im Krankenhaus waren für mich sehr schwierig. Die Wundheilung wollte nicht so richtig vorangehen, und nachdem die ersten Sorgen um dich, die meine Schmerzen hintenangestellt hatten, vorüber waren, holten mich die körperlichen Beeinträchtigungen und die psychische Belastung langsam ein.

An deinem elften Lebenstag war es endlich so weit, wir durften nach Hause. Nur noch eine kleine Abschlussuntersuchung, und dann einfach nur noch raus. Nach Stunden, die sich ewig hinzogen, war alles in Ordnung, und ich zog dir deine niedliche Kleidung an, die ich eigentlich schon für einige Tage früher zur Entlassung gedacht hatte. Papa holte uns ab und wir fuhren zurück in unser Zuhause. Das Heim, das wir so liebevoll für dich hergerichtet hatten!

Mit einigen Tagen Verspätung bei strahlendem Sonnenschein war dann doch noch der glückliche Moment gekommen, auf den wir uns alle so gefreut hatten. Wir betraten als kleine Familie unser Häuschen, und in dem Moment fühlte ich wie nie zuvor, wie dankbar man sein muss, ein kleines gesundes Bündel Mensch im Arm zu halten.

„Endlich bist du da!"

WIEBKE SIKAU

Mutterinstinkt

Aus einem Wirbel aus Schmerzen, Angst, Liebe und schließlich Erschöpfung wird ein Kind geboren. Und die Mutter, die ich plötzlich bin, guckt ungläubig und ängstlich auf verklebtes Haar, eine winzige Nase, dünne, zappelnde Glieder und den weit geöffneten Mund, dem seltsame Töne entströmen.

Da bist du, meine Tochter. Und ich fühle mich nicht wie eine Mutter. In der Schwangerschaft, dieser Zeit voller Sorge um dein Wohlbefinden, voller Vorfreude auf unser Kind, war ich mir einer Sache sicher: In dem Augenblick, in dem ich mein Kind im Arm halten würde, würde alle Angst von mir abfallen. Ich würde eine Mutter sein, mit Instinkten, die mir alles sagen würden, was du brauchst. Ich würde erwachsen, gelassen sein (ich weiß doch, wie wichtig Ruhe und Gelassenheit im Umgang mit Babys sind). Ich würde dich an meine Brust legen, du würdest mir in die Augen sehen, und wir würden in einen Kokon der Liebe und Wärme gehüllt unsere Beziehung beginnen.

Nur, dass du nicht trinken willst. Und ich nicht weiß, was ich tun soll.

Und obwohl ich Ruhe und Gelassenheit markiere, mit sanfter Stimme deinen Namen sage, schreist und schreist du, drehst den Kopf von meiner Brust weg, dann versuchst du doch zu nuckeln und wendest dich wieder schreiend ab. Und ich schwitze in Panik, Schlaflosigkeit und Überforderung.

Ich bin keine Mutter, ich bin immer noch ich und weiß nicht, was ich tun soll. Aber das kann ich nicht sagen, dann wüsste jeder, dass ich eine schlechte Mutter bin. Dass ich geradezu unmenschlich unmütterlich bin, denn obwohl ich dich liebe, kann ich dich nicht trösten. Und noch schlimmer, ich kann dich nicht ernähren. Du bist dünn, viel zu dünn. Deswegen wirst du vor und nach jedem Stillversuch gewogen. Und danach füttert dich die Schwester mit Kunstmilch.

„Jetzt bekommst du was Richtiges zu essen", sagt sie und wiegt dich in ihren Armen.

Und ich lächle, bis es wehtut, denn was für eine Mutter würde Schmerz und Verzweiflung zeigen, wenn ihr Kind das Notwendige bekommt. Innerlich weine ich, weine ich mit dir, aber nach außen hat sich eine Maske über mein Gesicht gelegt, die ständig grinst; eine falsche Stimme, die aus meinem Mund kommt, spricht vernünftig mit den Schwestern, den Ärzten, der Familie. Ich bin doch jetzt erwachsen, ich habe ein Kind. Nie war ich bedürftiger und konnte es weniger zeigen.

Als frischgebackene Mutter darf man doch nur glücklich, glücklich, glücklich sein. Alles andere ist unnatürlich, krankhaft. Und ich fürchte mich vor der Leere in mir und der Erschöpfung. Fast vermute ich eine Strafe des Himmels, denn ich habe ein Geheimnis: Als du entstanden bist, traute ich mich nicht, mich auf dich zu freuen. Nach dem Verlust, den man Fehlgeburt nennt, konnte ich es mir einfach nicht erlauben, mich wieder Herz über Verstand in einen Freudentaumel wie in der ersten Schwangerschaft zu werfen. Vielleicht war die Fehlgeburt die Strafe dafür, sich zu sehr gefreut zu haben, sich zu sicher zu sein, bald ein Kind im Arm halten zu dürfen?

Dann ist die Zeit nach der Geburt die Strafe für meine Gefühlskontrolle, vielleicht werde ich bestraft, weil ich nicht von Anfang an ein Schwangerschaftstagebuch führte, weil ich mich innerlich immer wieder ermahnte, mich in meiner Liebe nicht zu verlieren, solange ein Risiko besteht, auch dieses Kind zu verlieren.

Meine Buße ist tätig, ich gehe ins Stillzimmer und versuche, mit der elektrischen Milchpumpe Muttermilch für dich hervorzulocken. Keine Schwester ist dabei, wenn mühsam Tropfen für Tropfen aus meinen schmerzenden Brustwarzen hervorquillt. 20 Milliliter beim ersten Versuch, die Brustwarzen sind wund und blutig, aber ich halte das Gefäß stolz hoch, ein Heiliger Gral von Mutterliebeersatz, aber schon die ersten Worte der Schwester zerstören dieses kleine Gefühl von Glück.

„Das ist nicht genug! Ihre Tochter braucht mindestens 50 Milliliter. So wird das nie etwas."

Und niedergeschmettert, bis auf die Seele verletzt und schweigend, schleppe ich mich wieder ins Bett, das ich immer noch nicht dauerhaft verlassen darf. Das hohe Fieber und der Bluthochdruck als Überbleibsel der Schwangerschaftsgestose ketten mich weiter an dieses Krankenhausbett, und langsam habe ich Angst, es nie verlassen zu dürfen. In den kostbaren Minuten, die dein Vater uns besuchen kommt, gebe ich dich in seine Arme. Er sieht so sicher aus und du schläfst bei ihm ein. Er wickelt dich und sieht aus, wie ich mir immer einen Vater vorgestellt habe. Neben ihm fühle ich mich noch minderwertiger. Doch wenn er da ist, komme ich auch mal zum Essen und versuche, stark zu sein und nicht zu betteln, dass er bitte, bitte bleiben soll. Er will ja extra viel arbeiten, damit er sich bei unserer Heimkehr viel Urlaub nehmen kann. Obwohl ich langsam an der Heimkehr zweifle.

Nicht, solange du nicht zunimmst. Und du bist so dünn und zart.

In mir steigen die Tränen hoch, wenn die fast busenlose Zimmernachbarin ihr Kind an der Brust hat, das trinkt und trinkt, und die Milch versiegt gar nicht mehr. Meine Brust quillt aus meinem Still-BH und ich fühle mich wüst, leer und wie unfruchtbar. Wie eine Besessene hänge ich an der elektrischen Pumpe. Ich komme auf 30 Milliliter, aber leider läuft am Ende Blut in die Milch und die Schwester schüttet sie weg.

Dann nimmt sie mein Kind und sagt: „Du dünne Maus, jetzt gibt dir die Tante was Richtiges, damit du groß und stark wirst."

Ich wünsche mir, ich könnte dich mit meinem Blut ernähren. Ich würde mit Freuden meine Adern öffnen und dich auf diese Art stillen, ich könnte es kontrollieren, ich würde jeden Tag literweise Blut für dich haben. Ich würde dafür sterben. Aber die Quelle der Muttermilch scheint versiegt. Schüchtern frage ich nach der Stillberaterin, aber die ist noch drei Tage nicht anwesend.

Uns werden verschärfte Bedingungen auferlegt. Auf Anweisung der Schwestern muss ich dich alle zwei Stunden wecken, darf dich dann 30 Minuten anlegen, bevor sie dich mit Kunstmilch füttern. Leider verstehst du das nicht. Du willst schlafen. Manchmal bekomme ich dich nur mit Mühe wach und von den 30 Minuten habe ich dann schon mehr als die Hälfte verbraucht. Inzwischen willst du nicht mal mehr an der Brust nuckeln, du windest dich und schreist wie am Spieß, wenn du die Brustwarze siehst. Ich schlafe nicht mehr, ich fühle nichts mehr als Schmerz, mein Herz bricht, und ich kann es nicht sagen. Ich möchte dich nehmen und weglaufen, ich will Ruhe, ich will mein Zuhause. Ich hasse es, dass alle naselang Menschen ins Zimmer stürmen, Besuch, Schwestern, Reinigungskräfte.

Als ich der Schwester mitteile, dass du nicht wach wirst, sagt sie, ich müsse gröber zu dir sein. Ich würde dich ja nur streicheln. Ich solle „fest zugreifen, die Füße kräftig drücken, dann wird sie schon wach". In meiner Verzweiflung versuche ich es tatsächlich. Ich habe mich noch nie so schlecht gefühlt. Jeder Tag ist schlimmer als der vorherige, ich schlafe nicht mehr, ich esse nicht mehr, ich pumpe Blut und schlucke Tränen. Alle Träume, die ich vor deiner Geburt hatte, zerbrechen in kleine Stücke. Ich weiß schon gar nicht mehr, wie ich mir das Leben mit einem Baby vorgestellt habe. Du bist unglaublich hübsch, du bist perfekt. Aber du hast eine Mutter, die dich nicht mal ernähren kann. Nichts kann mich darüber hinwegtrösten. Dass ich bei der natürlichen Geburt versagt habe, dass nach Einleitung und Wehenmitteln und missglückter Rückenmarknarkose ein Kaiserschnitt unter Vollnarkose stattgefunden hat, ließe sich noch verschmerzen, wenn ich es wiedergutmachen könnte. Aber stattdessen hat sich nur gezeigt, dass ich dich nicht einmal ernähren kann. Was bin ich für eine Mutter?

Mit Gewalt versuche ich, mich zu entspannen. Ich massiere meine Brust. Als ich eines Abends tatsächlich Milch ausstreichen kann, bin ich fassungslos. Ich versuche, dich zum Trinken zu bewegen. Mit und ohne Stillhütchen, mit C-Griff, mit Stillen im Liegen.

Endlich passiert es. Du bewegst den Mund, du schluckst. Sogar deine kleinen, perfekten Ohren bewegen sich beim Schlucken. Mir ist schwindelig vor Glück. Als ich dich einer jungen, netten Schwester zum Wiegen mitgebe, bebe ich vor Erwartung. Du wiegst bestimmt 100 Milliliter mehr. Na gut, 80. Aber auf jeden Fall 50, ich bin ganz sicher.

Die Schwester kehrt zurück und sieht ernst aus. „Nichts", sagt sie, „sie hat nichts zugenommen, ich mache jetzt das Fläschchen."

Und da passiert es, meine Fassade bröckelt, ich fühle, wie alles um mich herum einstürzt. Ich weine und weine und kann nichts dagegen machen. Stundenlang kann ich nicht aufhören, ich fühle mich wie ein Monster. Nichts kann ich, nichts an Muttergefühlen habe ich; ich bin ein Nichts. Selbst wenn ich denke, du und ich bilden eine Einheit, ist es bloßes Wunschdenken. Ich kann mich auf nichts mehr verlassen, ich habe keine Instinkte. Ich bin keine Mutter.

Da weiß ich noch nicht, dass auch eine Krankenschwester beim Wiegen Fehler machen kann. Dass ich besser meinem Gefühl trauen sollte als anderen Menschen. Ich habe so viele Bücher vor deiner Geburt gelesen, aber nicht gelesen, dass manche Mütter an der Milchpumpe nicht einen Tropfen herausbekommen, obwohl sie genug Milch haben. Ich weiß noch nicht, dass ich dich bis zum achten Monat voll stillen werde. Ich weiß noch nicht, dass du mich angucken wirst und deine Augen sich voll Behagen und Sattheit schließen werden, bis du friedlich an meiner Brust schlummerst, in den Armen der Frau, die dich liebt.

Deiner Mutter.

Das werde ich alles erst erfahren, wenn wir zu Hause sind. Wenn es keinen Zeitplan mehr gibt. Wenn du trinken und schlafen kannst, wie du willst. Wenn es für mich keine Milchpumpe und keine Waage für dich gibt, sondern nur sanfte Brustmassagen für mich und Windelkontrolle für dich. Erst dann weiß ich, dass die Zeit im Krankenhaus ein Albtraum gewesen sein mag, dass aber die wirklichen Weichen für Mutterschaft in der Zeit danach noch gestellt werden können. Und dass auch eine Mutter Zeit braucht, um geboren zu werden. Wenn man ihr Zeit lässt und Geduld mit ihr hat.

Was habe ich für ein Glück, dass du mir all diese Zeit gegeben hast.

MELLY SONNENSCHEIN

Drei Wunder

Ich bin achtzehn Jahre alt und halte mein erstes Kind nach drei Stunden Krankenhausaufenthalt in meinen Armen. Ich kann es nicht glauben, bin unheimlich erleichtert, die Schmerzen ohne Schmerzmittel überstanden zu haben. Ich küsse dich, ich streichle dich, deine Haut ist unheimlich weich, ich lerne dich kennen.

Am nächsten Tag gehen wir nach Hause, haben Zeit für uns drei. Eine Woche ist Papa zu Hause und ich lerne den Umgang mit dir kennen; du scheinst mir so zerbrechlich, dass Papa dich wickeln muss. Ich habe Angst, dir wehzutun, und ich bin, ehrlich gesagt, jedes Mal nass geschwitzt, wenn ich dich anziehe – du schreist nämlich jedes Mal ganz schön laut.

Die ersten acht Wochen stille ich dich, doch dann stell ich dich auf die Flasche um, nicht damit Papa dich auch füttern kann, sondern einfach weil ich meinen Körper wiederhaben will; ich möchte endlich mal wieder länger als vier Stunden mit dir unterwegs sein, doch Stillen in der Öffentlichkeit kam für mich nie infrage.

Ich genieße dich mit jeder Faser meines Körpers, auch wenn du ein anstrengendes Baby bist, ich liebe dich. Du wirst mit jedem Tag größer, und schon nach wenigen Wochen ist der Umgang mit dir für mich kein Buch mit sieben Siegeln mehr. Wickeln, baden, tragen, füttern und Fliegergriff kann ich nun im Schlaf, und ich bin stolz auf mich, denn ich war am Anfang echt verzweifelt. Deine Schreianfälle werden weniger und ich habe mich an die schlaflosen Nächte gewöhnt. Ich habe mich auch daran gewöhnt, mit dir alleine zu sein, und doch bin ich abends froh, wenn ich dich mal fünf Minuten an Papa weiterreichen kann.

Wie konnte ich nur ohne dich leben? Klar, ich war freier, spontaner und nur für mich verantwortlich, aber erst mit dir bin ich komplett, erst mit dir bin ich angekommen; und ich weiß, dass ich jung bin, doch ich bereue keinen Schritt in meinem Leben.

Dein erstes Lächeln, dein erstes Mama, dein erster Zahn, dein erster Schritt, mein Gott, bin ich stolz auf dich und auf uns, dass wir so etwas Perfektes hinbekommen haben. Du bist so schnell groß geworden, wo bleibt die Zeit?

Du bist knapp sechs Monate alt, da kündigt sich ein Geschwisterchen an.

Endlich bist du da, mein Wunder Nummer zwei!

Nachdem du mich neun Tage hast warten lassen, bin ich froh, als die Hebamme deine Fruchtblase geöffnet hat, ich bekomme dich noch heute. Anderthalb Stunden nach Ankunft im Krankenhaus darf ich dich kennenlernen, darf dich ansehen und darf deine weiche Haut spüren. Mein Gott, ist das erst 14 Monate her, als ich dies zum ersten Mal erlebt habe? Es kommt mir weiter vor.

Du bist mit einem Lächeln auf die Welt gekommen und dieses Lächeln wird dich noch Jahre später begleiten. Du bist im Gegensatz zu deiner Schwester ein ruhiges Kind, immer freundlich, betrachtest neugierig mit deinen großen blauen Augen die Welt. Nur wenn dein Essen auf sich warten lässt, wirst du laut. Die Babypflege ist jetzt Routine für mich und auch deine Meckerattacken beim Umziehen lassen mich kalt. Ich bin echt begabt, mit dir auf dem Arm schmeiß ich den Haushalt; während ich dich füttere, beschäftige ich deine Schwester. Die Nächte mit dir sind ruhig, schon nach wenigen Wochen schläfst du durch und ziehst in das Kinderzimmer zu deiner Schwester.

Mit den Dreimonatskoliken hast du kaum zu kämpfen, und wenn, bekommt man dich leicht abgelenkt, ein Flugzeug hier und ein Lied da und du lächelst schon wieder. Deine gute Laune verlierst du selten, und ich bin froh, dass ich dich habe. Du bist eine Kuschelmaus, die am liebsten den ganzen Abend zwischen Mama und Papa auf der Couch liegt und kuschelt, und auch diese Eigenschaft wird dich noch lange begleiten.

Ich habe dich lieb, mein Engel, du bist ein Wunder. Ich genieße die Zeit mit euch beiden sehr. Schließlich bist du unser Nesthäkchen und die Familienplanung ist abgeschlossen. Du bist ein richtiges Mädchen, was in Rosa und Rot, in Kleidchen und Hosen einfach zuckersüß aussieht. Deine Schwester wäre besser ein Junge geworden, so ein Wildfang ist sie. Ich bin dankbar, dass ihr euch habt, ich war immer alleine und wollte immer zwei Kinder haben, und diese habe ich bekommen, zwei Zuckerschnuten, die ich nie wieder hergeben werde.

Auch du wirst mobiler und krabbelst mit sechs Monaten durch die Wohnung, nichts ist vor dir sicher, und die Hersteller von Kindersicherungen sollten ihre Produkte von dir testen lassen. Da, wo ich mir einen abkämpfe, die hast du in null Komma nix auf. Was mach ich nur falsch?

Der Alltag mit euch ist spannend, aufregend, lustig, aber auch anstrengend. Ihr beide seid Zicken hoch drei, und das soll auch noch anhalten. Ich danke euch, dass ihr in mein Leben getreten seid.

Du bist neun Monate, da kündigt sich weiterer ungeplanter Nachwuchs an.

Endlich bist du da, mein Wunder Nummer drei!

Nach langen 36 Wochen, mit einem Kampf nach dem anderen, trotzt du den schlechten Prognosen der Ärzte und erblickst nach drei Tagen im Krankenhaus endlich das Licht der Welt mit einem erlösenden Schrei. Es ist das einzige Mal, dass ich nach einer Geburt geweint habe, aus Erleichterung, dass du gesund bist und lebst. Nur leider müssen mich die Ärzte noch in Vollnarkose legen und eine Ausschabung vornehmen. Papa und du seid die ganze Zeit bei mir, Papa hält dich auf dem Arm und weicht nicht von meiner Seite. Mir fehlen leider jetzt unsere ersten anderthalb gemeinsamen Stunden. Es bedrückt mich, da mir diese keiner wiedergeben kann.

Nach einem „langen" (für mich jedenfalls) Aufenthalt von zwei Tagen, verlassen wir gemeinsam das Krankenhaus und fahren nach Hause zu deinen Geschwistern. Die erste Zeit ist hart, aber ich bin so unheimlich froh, dass du es geschafft hast, dass ich alles für dich tue. Du hängst sehr an mir, und die erste Zeit darf keiner außer Mama an dich ran. Ich genieße die Zeit, gerade weil auch die zwei Großen Papakinder sind. Auf meinem Arm fühlst du dich wohl und ich kann dir aufgrund der Vorgeschichte keinen Wunsch abschlagen. Du trinkst unheimlich viel und wiegst mit neun Monate schon so viel wie die Großen mit einem Jahr.

In deinem Verhalten ähnelst du sehr deiner großen Schwester und auch ich fühl mich unsicher im Umgang mit dir. Du krakeelst rum, wenn man dich umzieht oder wickelt, und ich komme mir vor, als wärest du mein erstes Kind; der Schweiß rennt an mir runter, und ich fühle mich als Versager. Überlasse das Wickeln und Baden lieber Papa, obwohl jeder Handgriff sitzt. Ich habe Angst, dich zu verlieren. Du gehst mit mir, wenn ich dusche, du bist dabei, wenn ich zum Müll muss. Mein Gott, ich werde eine Glucke. Ich lasse dich nicht aus den Augen, habe permanent Angst um dich. Träume schlecht und knabbere immer noch an der fehlenden Zeit mit dir.

Wenn wir die Große aus der Kita holen, darf keiner an dich ran, dein Kinderwagen muss mit, und wenn es nicht geht, musst du auf dem Arm mit. Du fängst an, dich zu drehen und zu erzählen, jeder Fortschritt von dir lässt Tränen fließen. Mein Baby wird groß. Wir haben viel Spaß miteinander. Wir tanzen zusammen, dein Lieblingslied ist „Football's coming home". Man sieht, du bist ein WM-Kind. Wir singen, wir toben, und so manches Mal liegen wir einfach da und kuscheln.

Nicht nur ich, nein, auch deine Schwestern betütern dich, sodass man sie bremsen muss. Ich genieße die Zeit mit dir und deiner kleinen Schwester. Du bist knapp ein halbes Jahr, da verlässt auch schon die Kleine das Haus, sie geht jetzt auch in die Kita. Wir zwei sind alleine zu Hause. Haben unsere Kuschelzeit und auch das Essen läuft gut ab. Nach dem Mittagsschlaf machen wir uns auf den Weg zur Kita, und so langsam lerne ich, dich loszulassen. Fällst du hin oder krabbelst mal ein wenig fort, bekomme ich nicht gleich einen Herzinfarkt, doch Wehmut ist immer noch dabei, mein Baby wird groß. Ich kann es ertragen, dich auf einem anderen Arm zu sehen. Du wirst selbstständig, auch wenn du meistens weinst, wenn ich nicht in deiner Nähe bin. Ich versuche, jede Bewegung von dir in mir aufzusaugen, jeden Fortschritt in meinem Kopf zu speichern. Denn mit dir sind wir komplett.

Ich liebe dich, mein kleiner Kämpfer, mein tapferer kleiner Mann. Bald wirst auch du in die weite Welt ziehen und mich alleine lassen. Für mich ist es schwerer als für dich. Ich denke jetzt schon mit einem lachenden und einem weinenden Auge an die Zeit.

Mittlerweile bist auch du schon zwei und gehst in die Kita, und ich habe gelernt, dich ziehen zu lassen, doch mein Herz weint, denn du bist groß und nicht mehr mein Baby.

Nachwort:
Mittlerweile geht ihr drei in die Kita, und es erfüllt mich mit Liebe, zu sehen, was aus euch hilflosen und abhängigen Babys für selbstbewusste Kinder geworden sind. Die Große wird immer mein Lieblingskind bleiben, weil sie die Erste war, mit der ich die Freuden und das Leid einer Mutter zum ersten Mal durchlebt habe. Die Mittlere wird immer mein Lieblingskind bleiben, weil sie ein fröhliches und aufgewecktes Kind ist. Schlechte Laune ist fast ein Fremdwort für sie. Der Kleinste wird immer mein Lieblingskind bleiben, weil er für sein Leben gekämpft hat und weil er ein guter Abschluss ist.

Kurzum, ich habe die Zeit mit euch als Baby genossen, obwohl es anstrengend war und ich froh bin, mal wieder mein Essen warm zu genießen, die Nächte meistens durchzuschlafen und auch mal wieder einfach nur ruhig sitzen zu können.

Es war eine schöne Zeit, voller Freude, voller Lachen, aber gleichzeitig war es auch die schlimmste Zeit meines Lebens, diese Abhängigkeit, der Kummer, die Sorgen, aber ich danke dafür, dass ich diese Zeit dreimal erleben durfte, und ich danke auch meinem Mann für seine Unterstützung und seinen Halt in schlechten Tagen.

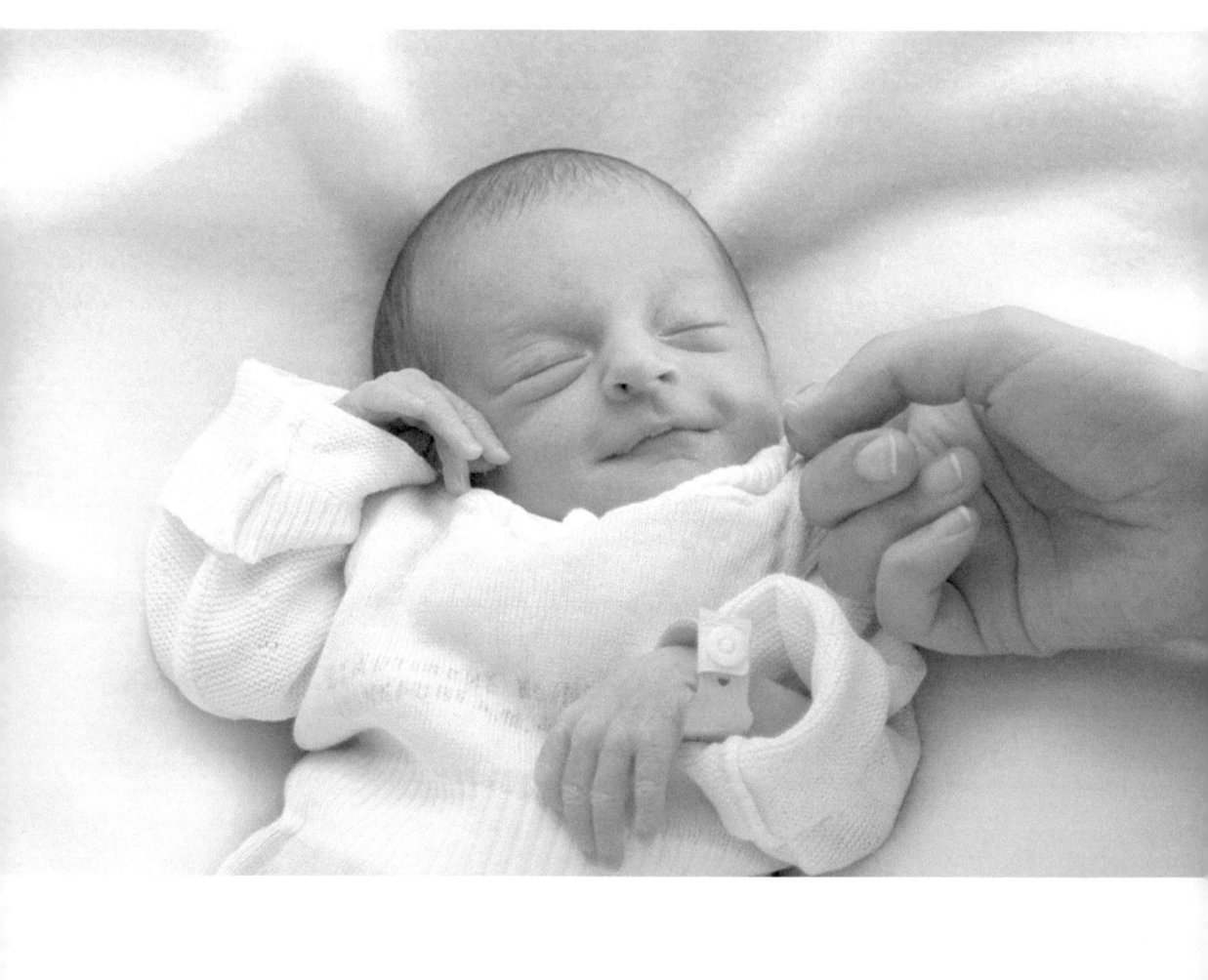

SUSANNE STEGNER

Ein Überraschungspaket

Emily ist ein Überraschungspaket – nicht geplant, aber dennoch sehr gewünscht!

Als mir die Hebamme meine Tochter nach der Geburt im Sommer 2005 in die Arme gelegt hat, war ich einfach nur sprachlos und weinte vor Glück. Ich konnte es nicht fassen – ich bin Mama! Ein unbeschreibliches Gefühl! Und ich war sehr stolz auf mich, da ich die Geburt ohne Schmerzmittel in nur fünf Stunden überstanden habe!

Die ersten zwei Stunden im Kreißsaal verliefen sehr ruhig und ich starrte meine Tochter einfach nur an. Dieser kleine Mensch ist nun Teil unseres Lebens. Sie schlief die ganze Zeit und war ganz ruhig.

Ich hatte mich schon während der Schwangerschaft gegen das Stillen entschieden und teilte dies nach der Geburt auch der Hebamme mit. Die versprach, mir für Emily eine Flasche zu bringen, damit ich sie füttern konnte – so wie es auch stillende Mütter nach der Geburt machen. Aber die Zeit verging und nichts wurde uns gebracht. Das machte mich sauer. Klar, es war an diesem Tag viel los auf der Geburtsstation, aber dennoch sollten solche Dinge nicht einfach untergehen. Oder wurde ich etwa schief angeschaut bzw. behandelt, nur weil ich nicht stillen wollte?! Doch nicht in der heutigen Zeit, und ich schob den Gedanken schnell wieder weg.

Nach zwei Stunden wurden Emily und ich dann endlich auf unser Zimmer geschoben – das war für mich ein tolles Erlebnis! Alle Menschen, denen wir auf diesem Weg begegneten, schauten Emily und mich bewundernd an. Unsere Hebamme übergab mich den Stationsschwestern mit den Worten, dass ich die Geburt schnell und ohne Schmerzmittel geschafft habe. Ich sei die Erste und Schnellste heute. Sie sagte das sehr stolz und ich freute mich über diese Worte. Doch dann sagte sie noch, dass ich aber nicht stillen wolle. Und dies mit einem komischen Unterton, der mich aufhorchen ließ. Wieso wurde das als so seltsam angesehen? Ich dachte aber nicht weiter darüber nach, ich war erschöpft von der Geburt.

In der darauffolgenden Nacht gab ich Emily dann in die Obhut der Schwestern, um besser schlafen zu können. Doch genau das Gegenteil trat ein. Mir fehlte etwas oder, besser gesagt, jemand, und ich konnte in dieser Nacht nur schlecht schlafen. Also kümmerte ich mich in den restlichen vier Tagen im Krankenhaus Tag und Nacht selbst um Emily. Mit ein Grund dafür war, dass mich die Krankenschwestern besonders nachts komisch ansahen, weil ich Emily alle zwei Stunden fütterte. Die meisten vertraten nämlich die Ansicht, dass Flaschenkinder einen 4-Stunden-Rhythmus brauchten. Ich wollte Emily – besonders nachts – nicht in deren Obhut geben, weil mir der Gedanke das Herz zerriss, dass sie schreit, weil sie Hunger hat, und die Schwestern würden ihr dann nichts geben.

Emily und ich waren bald ein eingespieltes Team und ich gewann immer mehr Sicherheit im Umgang mit ihr. Zwei Schwestern lobten mich, dass ich mich toll um meine Tochter kümmere. Und sie bestärkten mich darin, nach meinem Gefühl zu handeln. Das baute mich zusätzlich auf.

Emily kam zierlich auf die Welt und nahm – wie alle Kinder – in den ersten Tagen auch noch ab. Die Kinderärztin drohte immer mit der Kinderklinik, aber ich wollte bald nach Hause. Nur diese beiden Krankenschwestern auf meiner Station sagten mir, dass die Kinder zu Hause meistens ganz schnell wieder zunehmen würden und ich mir keine Sorgen machen sollte. Ich ließ mir vor allem von diesen beiden Schwestern zeigen, wie man ein Baby badet, wickelt, anzieht usw. Und wirklich, ich hatte schnell den richtigen Dreh heraus.

Emily und ich verbrachten viele Stunden mit Kuscheln – Emily lag auf meinem Bauch und schlief. Mittlerweile realisierte ich immer mehr, dass ich nun Mutter bin, und dieser Gedanke erfüllte mich mit Stolz und ganz viel Wärme!

Und dann kam der große Tag – Papa Sascha holte uns nach Hause. Mich packte die Angst, denn in der Klinik bekam Emily fertige Milchfläschchen zu trinken, und es waren immer Schwestern oder erfahrene Mütter da. Doch zu Hause war ich alleine! Wie um alles in der Welt bereitet man ein Milchfläschchen mit diesem Pulver zu?! Oder was ziehe ich einem so kleinen Wurm im Hochsommer an? Ich fühlte mich auf einmal wieder total überfordert. Ganz alleine zu Hause, ohne die Krankenschwestern in der Nähe, die man schnell mal fragen konnte. Wie froh war ich dann, dass ich eine Nachsorgehebamme hatte. Sie kam noch am selben Tag zu uns nach Hause. Sie sah mir sofort an, dass ich selbst ziemlich erschöpft war und „verdonnerte" Sascha dazu, sich die nächsten Nächte um

Emily zu kümmern. Ich kann gar nicht beschreiben, wie froh ich darüber war. So kam es, dass Sascha mit Emily im Wohnzimmer schlief und der Wohnzimmertisch abends zum Wickeltisch umfunktioniert wurde. In den ersten Tagen und Wochen zu Hause war mir unsere Nachsorgehebamme wirklich eine sehr große Hilfe. Es ergaben sich im Tagesablauf immer wieder Fragen, die ich mit ihr besprechen konnte. Am dritten Tag zu Hause beispielsweise gab sie uns am Ende ihres Besuchs den Kinderwagen in die Hand, legte Emily hinein und schickte uns auf unseren ersten Spaziergang zu dritt. Wahnsinn! Wir stellten uns vor, dass das bald alltäglich würde. Aber dieser erste Spaziergang war einfach nur schön und tat uns allen gut.

Nach einigen Tagen packte auch mich die Wochenbettdepression, und ich war außerstande, mir vorzustellen, dass ich das mal alles alleine schaffen würde. Ich fing teilweise ohne ersichtlichen Grund an zu weinen und erkannte mich selbst kaum wieder. Doch ich habe einen tollen Partner an meiner Seite, der mir sehr geholfen hat. Als sich meine Hormone wieder eingespielt hatten, normalisierte sich auch mein Gemütszustand wieder. Dennoch blieben leise Zweifel, ob ich als Mutter wirklich alles schaffen würde. Aber es gab so viele tolle Erlebnisse und Momente mit meiner Tochter, die die Zweifel ganz schnell vergessen machten!

Gerade die Nächte waren für mich als Langschläfer und Morgenmuffel sehr anstrengend. Emily kam die ersten Wochen alle zwei Stunden – tags wie nachts. Es war sehr anstrengend für mich und brachte mich an meine Grenze der Belastbarkeit. Ich war Sascha sehr dankbar, dass er sich ab und zu nachts um Emily kümmerte! Und wenn ich früher immer bei Erzählungen unter Müttern gehört habe, dass eine Mutter sehr genau weiß, was ein Baby braucht, wenn es schreit, so konnte ich dem in den ersten Wochen nicht wirklich zustimmen. Emilys Geheimsprache blieb mir noch einige Zeit ein Rätsel. Deshalb half es mir sehr, meine kleine Checkliste in Gedanken abzuhaken, wenn sie schrie: Hunger, Windel, Kuscheln oder Schlafen. Auf diese Weise fand ich immer ziemlich sicher heraus, was Emily in diesem Moment gerade fehlte, und konnte sie so schnell beruhigen.

Am meisten genoss ich aber das Kuscheln mit Emily – wie im Krankenhaus. Sie schlief immer sofort ein. Ein wunderschönes Gefühl der Nähe.

Von Woche zu Woche wurde ich immer routinierter im Umgang mit Emily. Egal, ob es um die Zubereitung einer Flasche ging, um das Baden oder die Wahl der Kleidung für einen Spaziergang. Alles klappte immer besser. Und ich verstand langsam auch unsere Geheimsprache und konnte ihre Schreie immer besser und schneller deuten.

Nach einigen Tagen machten Emily und ich unseren ersten „Ausflug" zur Gemeinde, um die Geburtsurkunden abzuholen. Sascha schlief noch, weil er sich mal wieder die Nacht um die Ohren geschlagen und sich um Emily gekümmert hatte. Ich weiß noch genau, dass ich unwahrscheinlich viel an Windeln, Flaschen, heißem Wasser usw. einpackte. Im Nachhinein denke ich, dass ich für einen ganzen Tag und nicht nur für wenige Stunden ausgerüstet war. Aber lieber zu viel als zu wenig mitnehmen, war an diesem Tag meine Devise. Alles klappte wunderbar, und wieder zu Hause berichtete ich Sascha voller Stolz von unserem ersten Ausflug per Auto!

So vergingen die Wochen und der Herbst kam. Beide Großeltern waren sehr stolz auf ihr erstes Enkelkind, und wir versuchten, sie so oft wie möglich zu besuchen. Im Oktober 2005 wollten meine Eltern mal wieder nach Slowenien fahren, um unsere Verwandten zu besuchen. Spontan kam meiner Mutter die Idee, dass ich sie doch mit Emily begleiten könnte. Sascha musste leider arbeiten. Gesagt, getan!

Die fast zwölfstündige Fahrt nach Slowenien verlief fast problemlos, da wir nachts gestartet waren. Emily, nun fast drei Monate alt, schlief die meiste Zeit. In ihren Wachphasen wurde sie von meiner Mutter gefüttert, die bei mir im Auto saß, weil ich unser Auto steuerte. Mein Papa fuhr mit dem Auto meiner Eltern vorweg. Leider kam es dann zu einem kleinen Unfall. Bei einem vor mir fahrenden Transporter löste sich plötzlich die hintere Stoßstange, fiel ab und erwischte unser Auto bei Tempo 120 vorne im Bereich des Kennzeichens. Mein Papa fuhr zu diesem Zeitpunkt hinter mir und hatte viel Glück, dass ihn die Stange nicht traf. Also war eine Zwangspause nötig und die Polizei musste gerufen werden. Leider war mein vorderes Kennzeichen weg, und wir wussten nicht, ob ich so weiterfahren konnte und über die Grenze kam. Doch alles war Gott sei Dank nur halb so schlimm. Ich hatte keinen größeren Schaden am Auto, und die Polizei versicherte uns, dass wir weiterfahren könnten und keine Probleme bei der Grenzüberfahrt haben dürften.

Die Tage in Slowenien waren einfach nur schön – auch weil meine Eltern mir viel abnahmen! Bis zu dieser Reise versuchte ich, unserem Tag einen gewissen

Rhythmus zu geben, weil das ja für Babys so wichtig ist. Doch in diesem Urlaub stellte ich schnell fest, dass wir schon lange einen Rhythmus hatten. Meine Eltern waren einfach wunderbar und kümmerten sich rührend um Emily. Und so merkte ich schnell, dass Emily und ich schon ein eingespieltes Team waren und auch einen Rhythmus hatten! Das war für mich eine der wichtigsten Erkenntnisse in dieser Anfangszeit und machte mich ein großes Stück selbstsicherer.

Jeder kann sich sicherlich vorstellen, welche Verzückungen Emily bei meinen Verwandten hervorrief. Jeder wollte sie mal in den Arm nehmen und mal halten. Da ist mein Mutterherz natürlich aufgegangen vor Stolz!

Und mit neuem Selbstbewusstsein trat ich dann die Rückreise nach Deutschland an! Das alles und natürlich noch vieles mehr haben wir in den ersten drei Monaten mit Emily erlebt. Viele Hochs und Tiefs, aber die Hochs überwogen bei Weitem!

Allen frischgebackenen Eltern wünschen wir einen schönen Start mit ihrem neuen Familienmitglied und ganz viele unvergessliche Momente!

Domenik, die kleine Raupe

Am 25. August 2008 kam unser Sohn Domenik zur Welt. Mit 4130 Gramm und 54 Zentimetern war er für seine geplagte Mama wahrlich ein großer Brocken. Wie es kleine Babys so an sich haben, hat der kleine Schatz seine Eltern von Beginn an unheimlich auf Trab gehalten. Nur in der Nacht war schon nach einer Woche für mindestens sechs Stunden Ruhe, was uns natürlich sehr beglückt hat. Aber dafür hat der liebe Kleine tagsüber nicht daran gedacht, die Äuglein zuzumachen.

Da ich unter der Woche durch den Beruf meines Mannes allein mit Domenik war, machte sich trotz der angenehmen Nächte relativ schnell das Gefühl breit, keine einzige Minute am Tag etwas anderes tun zu müssen, als das Baby zu be-spaßen. Das ging manchmal so weit, dass ich an manchen Tagen nicht einmal zum Essen kam. Wie jede Jungmama, die nur das Beste für ihr Kind will, konnte ich es kaum ertragen, den kleinen Prinzen schreien zu sehen. Die meisten Eltern können davon wahrscheinlich ein Lied singen.

Damit Domenik überhaupt am Tag an Schlafen dachte, blieb mir nichts anderes übrig, als ihn auf meinen Bauch zu legen und dort einschlafen zu lassen, was für mich bedeutete, zum Teil stundenlang in einer Position zu verharren, denn sobald ich in Versuchung war, ihn auf die Seite zu legen, hatte er sofort die Augen auf und brüllte zetermordio. Das ging inzwischen gute zwei Wochen so und der kleine Prinz hatte sich in meinen Augen zum Frosch verwandelt. Klar war ich total in mein Baby verliebt, aber wenn man das Gefühl hat, nicht einmal in Ruhe den Gang zur Toilette wagen zu können, fällt es einem sichtlich schwer, gelassen zu bleiben.

Endlich traute ich mich mit meinem vermeintlich unlösbaren Problem, mich an meine Hebamme zu wenden. Die war doch sehr erstaunt darüber, dass ich es wirklich fertiggebracht hatte, die ersten beiden Wochen ausschließlich mit dem Baby auf der Couch zu verbringen. Auch an diesem Tag war Domenik, wenn er wach war, nur am Brüllen, was ja verständlich ist, wenn man sich vorstellt, dass der kleine Mann außer seinem Nachtschlaf nur sporadisch die Augen zumachte.

Die Hebamme Susanne meinte zu mir, ob ich nicht eine kleine kuschelige Decke für sie hätte, sie würde einen Versuch starten, der bei den meisten Babys Wunder wirken würde. Sie nahm meinen Schatz in den Arm, legte ihn in das Stillkissen, in dem ich die meiste Zeit mit ihm verbrachte, nahm die Decke und wickelte ihn fest darin ein. Schlagartig verstummte das schreiende Bündel in ihrem Arm und ich kam aus dem Staunen nicht mehr heraus. Sollte das jetzt tatsächlich die Lösung meines größten Problems sein, das mich seit der Geburt meines Sohnes beschäftigte? Susanne schaute mich an und erklärte mir, dass sich Babys so an ihre Zeit im engen Mutterleib zurückerinnern würden und sich somit geborgen und beschützt fühlen. Wir schauten beide auf das nun fest schlafende Baby, die Hebamme nickte zufrieden, und ich konnte mein Glück kaum fassen, als ich sah, dass das Kind durchaus in der Lage war, auch am Tag ohne meine körperliche Nähe in den Schlaf zu finden.

Als die Hebamme meine Wohnung an diesem Tag verließ, hatte ich noch so meine Zweifel, ob das Ganze auch bei mir funktionieren würde, aber tapfer startete ich das Projekt „Wir pucken das Baby ein". Wie sich relativ schnell herausstellte, war es für mich wirklich fast wie ein Allheilmittel. Von diesem Tag an schlief Domenik tagsüber zumindest einige Stunden allein in seinem Stillkissen und ich konnte auch mal wieder ans Essen denken. Der Pferdefuß an dem Projekt kam dann eine Woche später in der Nacht.

Domenik schlief tagsüber fest eingepackt, aber nachts ging es ohne. Ende der dritten Lebenswoche hatte ich in der Nacht bereits acht Stunden die Möglichkeit, selbst zu schlafen, bis er auf einmal anfing, mitten in der Nacht wieder wach zu werden und nicht mehr einzuschlafen. Der Höhepunkt der nächtlichen Schlafunterbrechung war dann eine Nacht, in der mich der junge Mann satte acht Stunden ohne längere Unterbrechung um meinen Schlaf brachte. Ich war verzweifelt. Warum wollte er einfach nicht mehr nachts schlafen? Was machte ich nur falsch? Als ich kurz davor war, in meiner Verzweiflung die Hebamme erneut um Hilfe zu bitten, startete ich einen letzten Versuch, den kleinen Engel zum Schlafen zu bringen. Schnell schnappte ich mir die kleine kuschelige Decke und verpackte mein Baby in seinem Bett zu einer kleinen süßen Raupe, und wie durch ein Wunder hörte nach kurzer Zeit das Weinen auf. Die Lösung war so einfach, aber manchmal sieht man den Wald vor lauter Bäumen nicht.

Heute ist Domenik neun Wochen und drei Tage alt und liegt bereits seit acht Uhr abends in seinem Bett. Nach wie vor schläft der Kleine nur ein, wenn er verschnürt wie ein kleines Wurstpaket in sein Bett gelegt wird.

Eines habe ich bei der Geschichte gelernt: Die Geborgenheit, die ein Kind im Mutterleib empfindet, sollte man ihm so lange wie möglich bewahren. Ich glaube, ich habe ein glückliches, zufriedenes Baby – und das soll auch so bleiben.

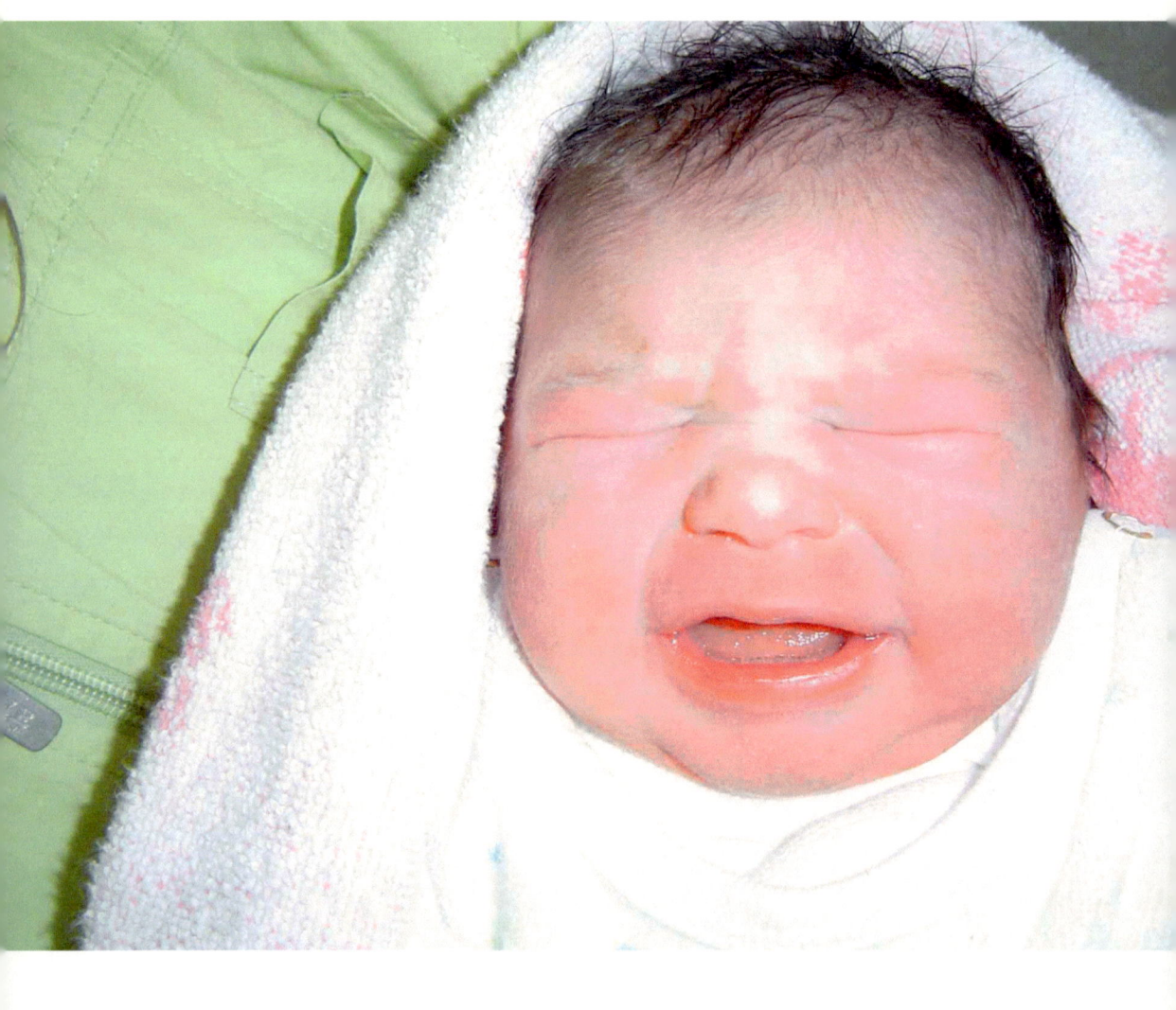

SEVDA TRIFUNOVIC

Auf einmal kam die Sonne heraus

Leicht amüsiert und treudoof marschierte ich in die Frauenarztpraxis meines langjährigen Höhlenforschers. Ja, die Stampfer muss er sich anschauen, und wenn ich ihn diesmal festhalten muss, dachte ich, als ich schwitzend und keuchend den einen Stock zur Praxis mehr hinaufkletterte als stieg.

Es war der 21. Juli 2005. Laut meines Mutterpasses hatte ich noch 18 Tage bis zum Entbindungstermin, mein Bauch war nicht mal so sehr dick, beziehungsweise mein restliches Übergewicht ließ meinen Bauch nicht so auffällig erscheinen. Aber meine Füße? Und mein Gesicht? Kleine Äuglein und eine kleine schmale Nase grinsten mich ironisch aus geschwollenen Backen und dem von Sommersprossen übersäten Gesicht in dem Spiegel der Toilette an.

Bitte, erst mal Urin abgeben. Zum wievielten Mal war das wohl schon? Wie immer malte ich neben meinen Namen ein lachendes Smiley auf den Plastikbecher. Die Glückshormone hatten mich immer noch im Griff, ich schwebte wie auf Wolken. Nicht mehr lange und ich würde endlich mein kleines Mädchen in Armen halten, meine kleine Zara Leonie. Der Name Zara hatte mir schon immer gefallen. Er strahlt Stolz und Würde für mich aus. Ein edler Name für ein besonderes kleines Mädchen. Leonie sollte sie als Zweitnamen haben. Schon im siebten Monat kündigte sie sich mit vorzeitigen Wehen an und konnte nur mit Wehenhemmern daran gehindert werden, den Weg in die große weite Welt zu starten. Meine kleine Löwin sollte aber auch vom Sternzeichen her Löwe werden.

Ich wurde zunehmend müder und träger. Seit sieben Wochen kam ich nun alle zwei Wochen ans CTG, wobei die Herztöne meines Ungeborenen überwacht werden sollten. Ich streckte mich wohlig und horchte voller Vorfreude auf die nun gleich erklingenden Herztöne. Es war wunderschön, den gleichmäßigen Rhythmus ihres noch schnellen Herzschlages zu hören. Ab und an hörte man ein kräftiges Treten, das sich aus den Lautsprechern anhörte wie ein Pferdetritt. Ich musste jedes Mal darüber schmunzeln.

Nach diesem jedes Mal doch sehr entspannenden Bekleben der Babywohnung kam der Herr Doktor, sah sich nur kurz meine Füße an und sagte: „Das Kind muss raus."

„He, eh, ja, ja, finde ich auch langsam." Leichte Panik, vermischt mit stetig steigender Hysterie, machte sich in mir breit. „Und was meinen Sie damit?", fragte ich vorsichtig und nicht gerade sehr intelligent.

„Sie gehen jetzt nach Hause, holen Ihre Kliniktasche, die Sie sicher schon gepackt haben, fahren ins Krankenhaus und bekommen Ihr Kind."

Ah ja, dachte ich, so einfach, ich musste einfach nur meine Tasche holen und ins Krankenhaus fahren. Warum auch nicht? Einfach die Tasche holen und ins Krankenhaus fahren. Dass ich da vorher nicht daran gedacht hatte. Was hatte ich mir monatelang denn überhaupt den Kopf zerbrochen? Ich musste doch nur meine Tasche packen und ins Krankenhaus. Genau!

Nun, eigentlich hatte ich ja andere Pläne, ich wollte mit meiner vorsorgenden Hebamme in meiner Lieblingsstadt in das Krankenhaus, in dem ich schon geboren wurde, und mich dort in die mir schon vertrauten Hände begeben.

Unterwegs rief ich die Hebamme an und erzählte ihr, dass mein Gynäkologe eine Schwangerschaftsvergiftung vermutete und mich umgehend im Krankenhaus zur Weheneinleitung wünschte.

Sie sagte daraufhin nur: „Jetzt musst du selber wissen, wem du es recht machen willst. Deinem Frauenarzt oder mir."

Plötzlich fuhr ich in ein Funkloch, was mir übrigens öfter passierte, wenn ich auf einmal zu schockiert war, um zu antworten. Ja, war sie denn von allen guten Geistern verlassen? Hier ging es ja in erster Linie um meine ungeborene Prinzessin. Da sie, wie ich schon wusste, nichts von Wehen einleitenden Maßnahmen hielt und alles der Natur überlassen wollte, vertraute ich in diesem Fall eher der Wissenschaft. Ihr schon vor Monaten vorangegangener Spruch: „Du schreist nach einem Kaiserschnitt", hallte mir in den Ohren.

In der Klinik angekommen kam ich wieder zuerst ans CTG, der schon richtige Wehen schrieb. Komischerweise merkte ich überhaupt nichts davon, der Muttermund war wohl auch schon drei Zentimeter offen. Es hatte begonnen, und das von ganz alleine. Ich musste lachen, das war doch absurd. Ich spürte nämlich überhaupt nichts, rein gar nichts, wahrscheinlich hatte ich mich nur über das plötzliche Ankündigen aufgeregt und ein paar Senkwehen, die sich schon seit

Wochen nur durch ein Härterwerden des Bauches bemerkbar gemacht hatten. Erstaunt darüber, dass sich die ganze Aufregung wegen dieses mickrigen Zusammenziehens gar nicht gelohnt hatte, lief ich den kleinen Gang der wirklich kleinen Geburtsstation auf und nieder.

„Geh mal zwanzig Minuten spazieren, dann wieder zwanzig Minuten CTG", sagte die noch sehr junge Hebamme, die genauso hieß, wie mein Engelchen heißen sollte, aber natürlich in der deutschen Version.

Ich konnte es gar nicht fassen. Jetzt sollte es schon losgehen? Und das in diesem Krankenhaus, das ich noch nie leiden konnte, mit den Hebammen, die deutlich jünger waren als ich und nicht mal Kinder hatten? Ich lächelte vor mich hin, was sollte es, die Geburt hatte begonnen, und ich lief nicht in Panik davon oder schrie vor Schmerzen, nein, ich war glücklich und lief, ganz alleine, die mittlerweile schon dunklen Gänge auf und ab, fassungslos darüber, dass der Muttermund mit jeder Untersuchung tatsächlich offener war und ich immer noch keine sonderlichen Schmerzen spürte. Irgendwas mit „Wehenschwäche" fiel mir ein. Eine Mitschwangerschaftskursbesucherin, die Krankenschwester war, hatte mir mal erklärt, dass es tatsächlich Frauen gebe, die keine Wehen spüren beziehungsweise die Wehen nicht als Schmerz empfinden. Nun ja, ich dachte zurück an die vorzeitigen Wehen im siebten Monat, bei denen ich an die Höchstdosis Wehenhemmer kam, weil schon alle vier Minuten Wehen einsetzten. Auch da spürte ich, außer der Angst, ein Frühchen zu bekommen, keine Schmerzen. Aber auch da war es dieses Krankenhaus, das mich völlig überstürzt in die 40 Kilometer entfernte Klinik mit angrenzender Kinderklinik per Ambulanz fahren ließ. Und auch damals waren es die gleichen Hebammen, die meinen Muttermund so schön auseinanderziehen konnten. Heute weiß ich, dass es tatsächlich keine echten Wehen waren und ich KEINE Wehenschwäche hatte.

Am nächsten Abend durfte ich dann mal in die Badewanne, nachdem ich die Nacht super, ohne Wehen und weiterer Muttermundöffnung überstanden hatte. Alle paar Minuten durfte ich einen Cocktail aus Streukügelchen kosten. Und ich spürte doch tatsächlich jetzt manchmal sogar ein leichtes Ziehen in der Leistengegend, was aber zu einem quer liegenden Furz ein Witz war. Die Wanne war übervoll und bereits sehr heiß, und schon bald löste sich doch tatsächlich irgendetwas da unten. Der Schleimpfropf ging ab und ich hatte noch nie so herrlich sauberes Blut gesehen. Nun, nach tagelangem Rumstochern konnte es aber auch nur Wundblut sein. Glücklich, dass es tatsächlich schon die Geburt war, versuchte ich durch gutes Zureden, meine Prinzessin zu überreden, mir doch ein bisschen zu helfen. Was konnte ich auch tun? Nach etwa einer halben Stunde musste ich das wohlige Bad aus kreislauftechnischen Gründen verlassen und die Wehen hörten schlagartig auf.

„Der Muttermund lässt sich schon auf 6 Zentimeter ziehen, aber jetzt stagniert es", hörte ich die Hebamme im Flur zum diensthabenden Gynäkologen sagen, der zufällig meiner war.

Auch die Samstagnacht verging ohne besondere Vorkommnisse. Der nächste Tag verlief ähnlich, das einzig Aufregende, was ich von diesem Tag berichten konnte, war, dass sich der Muttermund nach für mich nicht vorhandenen Wehen noch auf 8 Zentimeter „ziehen ließ". Zaras Köpfchen machte immer noch keine Anstalten, irgendwohin zu rutschen.

„Es stagniert", hörte ich immer wieder die Hebamme dem Arzt berichten, von einem Arzt wurde ich kein einziges Mal untersucht.

Irgendwann kam die nun schon zigfach gewechselte Hebamme und sagte: „Der Arzt besteht auf eine PDA, wie halten Sie das nur aus, all die Tage?"

Nu, war ich denn im falschen Film? Ich hatte keine Schmerzen, der Kopf bewegte sich keinen Millimeter, und nur weil dieses verdammte CTG, das ich zu hassen begann, Wehen schrieb und die Hebammen so brutal waren, dass sie meinen Muttermund auseinanderreißen konnten, sollte ich nun auch noch eine Nadel in den Rücken bekommen? Ich war mir sicher, dass die Geburt noch lange nicht begonnen hatte. Warum leiteten sie sie denn nicht ein? Saugglocke? Auf den Bauch drücken? Alles, was man so hörte, wenn die Geburt nicht voranging? Ach ja, ich hatte ja eine Schwangerschaftsvergiftung, die aber einen hohen Blutdruck voraussetzte, und ich war mit meinem chronisch niedrigen Blutdruck immer an der Grenze zum Umkippen.

„Das wird schon einen Grund haben, warum das Köpfchen nicht ins Becken rutscht", sagte der Doktor fachmännisch.

Nun, vielleicht weil es gar nicht so weit war? Der Ultraschall bestätigte nur die Diagnose einer Vergiftung. Verkalkte Plazenta, kaum noch Fruchtwasser, das Kind war erst 2400 Gramm groß … Blutdruck 90/50 …

Sonntagnacht – ich las, immer noch im Kreißsaal, mein Lieblingsbuch ohne abzusetzen, ohne Pinkelpause (!?), und schlief tatsächlich ein. Von Wehen keine Spur, Muttermund ließ sich immer noch ziehen.

Halb acht Uhr morgens. Mein Gynäkologe weckte mich sanft: „Jetzt ist Schluss, wir machen heute einen Kaiserschnitt."

So, so, wir machen einen Kaiserschnitt. Ich hatte die Worte zwar gehört, wollte sie aber nicht wahrhaben. Wie konnte das sein? War es schon so weit? Neun Monate vorbei, das Bangen und Hoffen, das Warten – nun schon oder endlich ein Ende? JA!

Eine seltsame Ruhe breitete sich in mir aus. Die Gewissheit, mein Baby bald im Arm zu haben, ließ mich alles andere vergessen. Nur vier Stunden nach dem Urteil war es so weit.

Die Hebamme, die auch den Schwangerschaftskurs geleitet hatte, legte mir gelangweilt einen Katheter. „Ach, Kaiserschnitte sind für mich so langweilig", bestätigte sie auch gleich ihren Gesichtsausdruck.

Ich lachte nur dämlich. War mir doch egal, das dramatischste Erlebnis stand mir bevor, und sie redete von Langeweile. Aber ich wollte sie nicht verärgern, denn immerhin war sie gerade dabei, mir ein richtig dickes Etwas in die Harnwege zu schieben. Warum konnten die das nicht nach der Betäubung machen, dachte ich noch, aber dann war es schon vorbei. Sie hatte wirklich ein sanftes Händchen. In der OP-Schneise angekommen, wurde Frau Mutter ausführlich aufgeklärt, ja nicht umzukippen.

Es war totenstill. Alle warteten auf die Ärzte. Ein Stab von Ärzten.

Auf der noch geraden Liege liegend kam nun der Anästhesist, den ich ein paar Stunden vorher schon kennenlernen dufte, aber so vermummt niemals erkannt hätte. „Einen ganz runden Rücken machen, Kopf auf die Knie."

Wie das funktionieren sollte, wusste ich nicht wirklich, aber ich versuchte mein Bestes. Ein paar Hände, die ich nicht identifizieren konnte, halfen mit sanftem Druck auf Kopf und oberen Rücken nach. Ein kurzes Stechen an einer gemeinen Stelle folgte, und ein „Jetzt drückt's ein bisschen" warnte mich zu spät vor. Ich hatte das Gefühl, als ob jemand einen heißen Eimer Wasser in meinen Bauch goss, das dann bis in meine Zehenspitzen lief. Der Anästhesist legte irgendeinen metallischen Gegenstand auf meinen Bauch, der sich verdammt kalt anfühlte. Überhaupt war es in diesem OP eisig kalt. Mitten im Hochsommer und dann diese Kälte.

„Spüren Sie das?"

„Ja, oh ja", sagte ich schnell.

Dreißig Sekunden später: „Und das?"

„Was denn?"

„Alles klar." Unter seinem Mundschutz sah man den Narkosearzt grinsen. „Sie können sie jetzt reinlassen."

Ein paar Sekunden später kam eine vermummte Frau herein, nur die Augen waren zu sehen, aber diese sahen so aus wie die meiner Mutter. Die Augen stellten sich neben meine Schulter und lächelten. Ich lag da. Wie ein Opferlamm mit ausgestreckten Armen. Mein rechter Arm war an einem Blutdruckmessgerät gefangen. Mein linker an einer Infusion, die mir bei Bedarf das Leben retten sollte.

„Wie ein Opferlamm, kurz vor der Hinrichtung", bestätigte meine Mutter meine Gedanken.

„Wir schneiden jetzt."

„Ist kaum noch Fruchtwasser, brauchen nicht so viel Tücher", hörte ich jemanden murmeln.

Ein lautes PLATSCH ließ alle einen Schritt zurückschrecken. So viel zum Thema wenig Fruchtwasser, dachte ich und starrte aus dem Fenster, um mich abzulenken, es regnete in Strömen. Ich musste daran denken, wie eine türkische Schauspielerin ihre Tochter Regen nannte, weil es bei der Geburt regnete. Yamur. Neeee.

Ein leises Quäken unterbrach meine Gedanken und rechts hinter dem Laken erkannte ich auf dem Arm meines Frauenarztes ein winziges, blutiges Bein.

Das Quäken wurde zu einem lauten Schrei und der Arzt sagte laut: „Guten Morgen."

Ich konnte es kaum fassen, als ich das wunderschönste Wesen, das ich bisher gesehen hatte, in meinen Armen erblickte.

Zara Leonie war geboren.

Auf einmal kam die Sonne heraus und der OP erstrahlte in hellem Licht. Vom Regen keine Spur mehr …

Ein schwerer Anfang

Kurz vor 17.00 Uhr: Der Oberarzt kam wieder zu mir. Er sah sich das CTG an. Die Hebamme erzählte ihm etwas über „Fieber" und „Die Herztöne des Kindes fallen ab" …

Da hörte ich den Oberarzt sagen: „So, ich werde Sie nun noch einmal untersuchen. Wenn ich nicht absehen kann, dass das Kind innerhalb der nächsten zehn Minuten geboren wird, kann ich Ihnen einen Kaiserschnitt leider nicht ersparen." So war es. Er sagte: „Da tut sich nix", und gab den anderen Anweisungen, alles für einen Kaiserschnitt vorzubereiten.

Mir kamen die Tränen. Papa tröstete mich. Sagte, es sei für uns alle das Beste. Bald würden wir dich in unsere Arme schließen können … Doch meine Gedanken überschlugen sich. Einerseits dachte ich: Kaiserschnitt – bald ist alles vorbei, andererseits war mir die Vorstellung einer „normalen" Geburt lieber. Ich glaubte, versagt zu haben, dich im heikelsten Augenblick deines Lebens im Stich gelassen zu haben. Gedanken dieser Art halfen nichts und verhinderten auch nicht das Notwendige. Ich wurde in den OP geschoben, die PDA wurde höher dosiert. Ich wurde von einem Korridor in den OP-Saal geschoben. Mir war kalt – sehr kalt; und ich hatte Angst – besser gesagt: PANIK! Ich meinte, dass die Narkose nicht wirken würde, und sagte zu Papa, dass ich noch alles spürte. Doch tatsächlich spürte ich nur den Druck auf meinem Bauch. Das war wie eine Betäubung beim Zahnarzt. Man spürt zwar, dass an der Stelle „gearbeitet" wird, aber man empfindet keinen Schmerz. Ich hörte den Arzt reden, verstand aber nicht, was er sagte.

17.25 Uhr sah ich dich in der Luft schweben (tatsächlich hielt dich der Arzt hoch). Du tatest deinen ersten Schrei. Erleichterung überfiel mich. In ein Handtuch gewickelt übergab man dich Papa.

Ich fragte noch: „Ist es bei einem Mädchen geblieben?"

Er bejahte und zeigte dich mir. Ich sah nur die vielen schwarzen Haare, und ein Fuß ragte aus dem Handtuch heraus. Ich dachte: Gott, hat sie große Füße, dann ging Papa mit dir raus und ich fiel in Ohnmacht. An die folgenden dreieinhalb

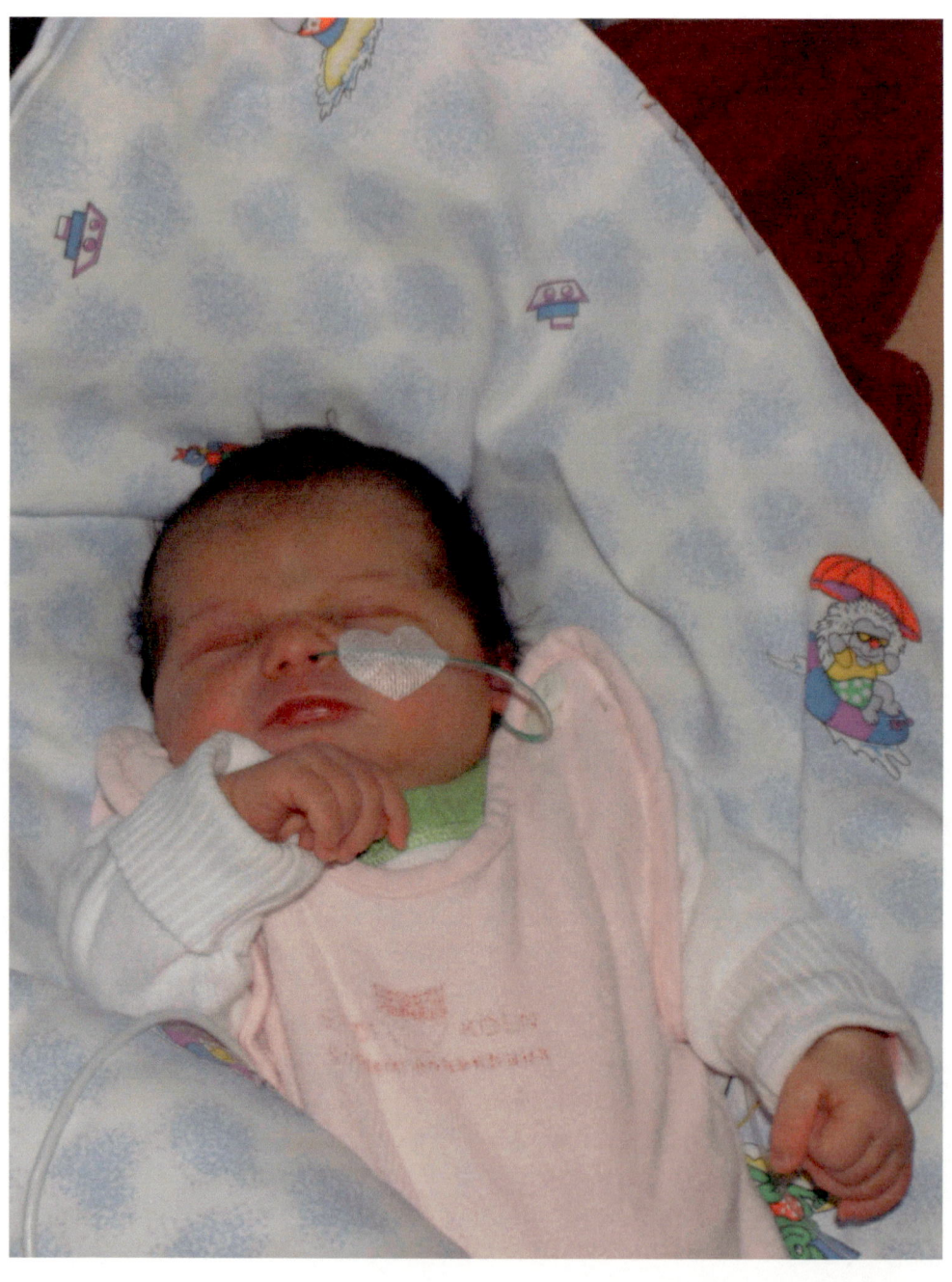

Stunden habe ich keine Erinnerung. Gegen 20.00 Uhr wachte ich wieder auf. Ich spürte meine Beine nicht. Papa saß an meinem Bett. Ich fragte nach dir. Er erzählte mir, dass dein Blutzuckerwert nach der Geburt sehr niedrig sei und dass das weiter untersucht würde. Papa ging telefonieren. Julia (unsere Hebamme) brachte dich zu mir. In ein Handtuch gewickelt wurdest du mir das erste Mal in die Arme gelegt. Julia ging raus und ließ mich mit dir allein. Ich war glücklich. Ich sah dich an und konnte mein Glück kaum fassen. Ich kämpfte gegen meine Tränen an und fühlte mich schwach. Du wurdest immer schwerer in meinen Armen …

Papa kam zurück. Man ließ uns noch ein paar Minuten das Glück zu dritt genießen, um mir dann wie mit einem Hammerschlag die bittere Wahrheit zu nennen. Deine Blutwerte waren nicht okay. Du musstest in die Kinderklinik Amsterdamer Straße. Man versicherte mir, dass du wieder gesund würdest, dass sich das in ein, zwei Tagen stabilisieren würde. Ich verstand, doch meine Tränen kullerten trotzdem. Kaum warst du geboren, wurdest du von mir getrennt. Du warst mit einem Blutzuckerwert von 10 geboren worden. Die Norm liegt bei 80. Die Toleranzgrenze bei 50. Nach circa sechs Stunden hattest du es auf 43 geschafft. Leider immer noch zu niedrig. Sie brachten dich weg, ohne dass ich Gelegenheit hatte, mich von dir zu verabschieden. Ich lag noch zur Hälfte betäubt im Kreißsaal und kämpfte gegen die Achterbahnfahrt der Gefühle an, die der heutige Tag gebracht hatte.

Als ich am nächsten Tag in meinem Zimmer auf der Station aufwachte und die Frauen neben mir glücklich ihre Babys im Arm hielten, während du – mein Krümelchen – am anderen Ende der Stadt ganz allein in einem Krankenhausbettchen lagst, konnte ich nur noch heulen. Warum? Warum warst du nicht bei mir? Was war falsch gelaufen? Ich fühlte mich, als hätte man mir ein Stück Herz herausgerissen. Der psychische Schmerz überragte die physischen um mindestens 100 Kilo. Es bildete sich eine Leere um mich herum. Ich wollte dich in meinen Armen halten, ich wollte mit dir glücklich sein, dich ansehen, deine Wärme spüren, deine Laute hören. Neun Monate hatte ich mich auf diesen Tag gefreut. Gewartet. Gehofft. Und jetzt? Jetzt konnte ich dich weder spüren noch sehen.

Alle Worte des Trostes prallten an mir ab. Ich fühlte mich wie der größte Versager auf Erden. Du brauchtest mich, und ich lag in meinem Bett, unfähig, etwas gegen meine Traurigkeit, meine Enttäuschung und meinen Schmerz zu tun.

Am dritten Tag packte mich die Wut. OP hin, OP her. Gefährlich oder nicht. ICH WOLLTE MEIN KIND SEHEN!!!!! Entschlossen schleppte ich mich nach vorne zu den Schwestern und teilte ihnen mit, dass ich heute zu dir fahren würde. Sie versuchten, mich zu beruhigen. Erzählten mir, dir gehe es gut und ich brauchte noch einen Tag …

„NEIN. Gestern war schon ein Tag zu viel", sagte ich. Ich rief Papa an, und die Schwester bestellte mir ein Taxi.

Als wir in der Kinderklinik ankamen, sah ich dich zum zweiten Mal. In einem Bettchen, angeschlossen an einer Infusion und an einer Atmungsüberwachungs- maschine. Winzig kamst du mir vor. Verloren. Ich sah dich an und wieder musste ich weinen. Du wurdest wach. Dann durfte ich dich im Arm halten. Mir wurde ganz warm ums Herz. Wie süß du doch warst! Wie lange hatte ich auf diesen Augenblick gewartet! Und jetzt war ich unfähig, auch nur einen klaren Gedan- ken zu fassen. In diesem Moment konnte ich dich nur anschauen und wäre vor Glück fast geplatzt!

Täglich besuchte ich dich von nun an. Am nächsten Tag durfte ich dir sogar dein Fläschchen geben. So entwickelte ich langsam aus dem Gefühl des tiefsten Versagens das Glück der stolzen Mutter. Die Stationsschwester teilte uns mit, dass deine Werte nun stabil seien und es nur noch darauf ankomme, dass du deinen Blutzuckerwert von allein halten kannst, dann hätten wir dich nach Hause neh- men dürfen. In dieser Nacht fand ich keinen Schlaf. Diesmal nicht aus Angst, sondern weil ich dafür betete, dass du es schaffen würdest. Ich wollte dich bei mir haben. Ich wollte dich nicht nur ein paar Stunden besuchen dürfen … DU warst doch MEIN Krümelchen, ich wollte dich bei mir haben. Immer.

Nach weiteren drei Tagen war es dann so weit. Die Zeit der Trennung war vor- bei. Wir holten dich vom Krankenhaus ab und fuhren stolz und überglücklich mit dir nach Hause. Jedes Mal, wenn ich dich ansah, jedes Mal, wenn du auf meinem Bauch schliefst und ein kaum hörbares Glucksen von dir gabst, fühlte ich mich glücklich und vergaß alles um mich herum. In meiner Welt gab es nur noch DICH und ich konnte nicht genug von dir kriegen. Selbst als aus unserer ersehnten „Dreisamkeit" stressige „Vielsamkeit" wurde, weil jeder das Baby sehen wollte, wusste ich: Wir waren endlich zusammen. Von diesem Augenblick an wird uns niemand mehr trennen.

Das verspreche ich dir, mein Krümelchen.

VERONIKA WIESENTHAL

Zu lieben und geliebt zu werden

Zuerst dachte ich, sie hätte Hunger. Sie lag in ihrem Laufstall, streckte die Arme in die Luft und rief nach mir. Das Schreien wurde leiser, als ich mich über sie beugte. Sie warf den Kopf von einer Seite auf die andere und schmatzte mit dem Mündchen. Die Arme bewegten sich im Takt dazu. Unwillkürlich musste ich lächeln. Froh, zu verstehen, was meine Tochter mochte, und glücklich, sie bei mir zu haben. Ich nahm sie aus dem Laufstall in meine Arme und legte sie mir über die Schulter. Ich drehte den Kopf in ihre Richtung und atmete tief ein, um auch ja jeden Hauch ihres wundervollen Babyduftes zu riechen. Kein Parfüm der Welt riecht so gut. Ihr Kopf wackelte suchend auf meiner Schulter hin und her und ich drückte sie eng an meinen Körper. Ihre Glucksgeräusche festigten meine Überzeugung, sie habe Hunger. Ich drehte mich um und wir gingen Richtung Küche.

Irgendwo, vielleicht auf Höhe des Spiegels oder des Badezimmers, habe ich es deutlich gespürt. Ein ganz zartes Gefühl, leicht wie ein Schmetterling. Lautlos, warm und etwas feucht. Obwohl ich es schon hundertmal gespürt habe, wusste ich dieses Kribbeln auf meiner Wange erst nicht einzuordnen. Ehe ich begriff, was passiert war, musste ich lächeln, nur um diesem überschäumenden Glücksgefühl in mir Platz zu schaffen. Das war ein Kuss! Meine Tochter hatte mich das erste Mal geküsst. Mitten auf die Wange, so wie wir es bei ihr taten. Vielleicht war es unabsichtlich, eine unbewusste Handlung. Mit vier Wochen kann man noch nicht küssen.

Ich drehte meinen Kopf so weit ich konnte, um in ihr Gesicht zu sehen. Sie hielt völlig still und schaute mich an. Ein kleines Blinzeln verriet mir, sie wusste, dass sie gerade etwas ganz Tolles gemacht hatte. Ob sie nun unbewusst, spontan oder bewusst geküsst hatte, ist völlig nebensächlich. Sie hat mir mit dieser kleinen Geste so viel Freude geschenkt, dass ich das Wie und Warum außer Acht lasse. Es war etwas wunderbar Einmaliges und ich wollte es nur genießen. Es gibt ihn, diesen ersten Kuss, der jede Beziehung einmalig werden lässt. Und ich hatte ihn gerade bekommen.

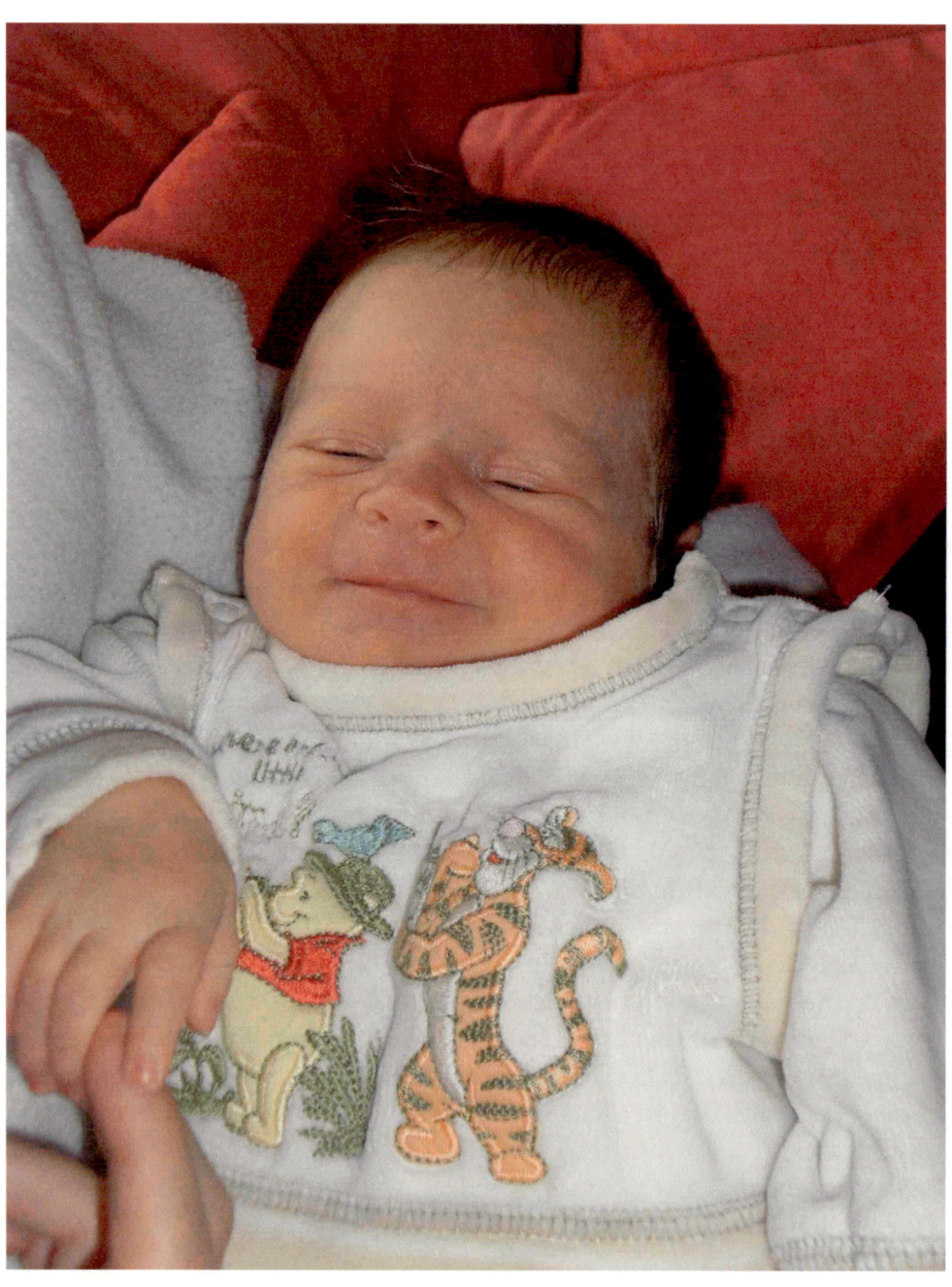